JINGSHIJUECHANG
ZHONGGUOLIDAI
AIQINGGUSHIYUCHUANSHUO

赵心宇◎编著

惊世绝唱——

中国历代爱情故事与传说（上）

中国出版集团
现代出版社

图书在版编目（CIP）数据

惊世绝唱：中国历代爱情故事与传说（上）／赵心宇编著. —北京：现代出版社，2014.1

ISBN 978-7-5143-2526-3

Ⅰ．①惊… Ⅱ．①赵… Ⅲ．①历史人物－人物研究－中国－古代

Ⅳ．①K820.2

中国版本图书馆 CIP 数据核字（2014）第 060598 号

作　　者	赵心宇
责任编辑	王敬一
出版发行	现代出版社
通讯地址	北京市安定门外安华里 504 号
邮政编码	100011
电　　话	010 - 64267325 64245264（传真）
网　　址	www.1980xd.com
电子邮箱	xiandai@ cnpitc. com. cn
印　　刷	唐山富达印务有限公司
开　　本	710mm×1000mm　1/16
印　　张	16
版　　次	2014 年 4 月第 1 版　2023 年 5 月第 3 次印刷
书　　号	ISBN 978-7-5143-2526-3
定　　价	76.00 元（上下册）

目　录

第一章　云想衣裳花想容

第二章　谱写动人的篇章（上）

第一章　云想衣裳花想容

中国第一大美人西施

世人多以沉鱼落雁、闭月羞花形容女子的美丽，事实上这两句话说的是中国历史上的四大美人，"沉鱼"就是指的西施。

西施是宁萝山下若耶溪畔的一个浣纱女子，尽得山水灵秀之气，出落得水葱儿似的惹人怜爱。就这个人儿，由于国家多难，竟然肩负起蛊惑敌国君王的政治任务，成为历史上最有名的美人计的主角，然而她的一颗心却始终萦绕在自己心上人范蠡的身上，忍受着巨大的精神痛苦。

春秋后期，诸侯争霸的重点转移到了长江流域下游和浙江流域。这里的吴国和越国两不相容，互相攻伐，无穷的是非恩怨，演不完的慷慨悲歌与柔情侠骨。

越国是夏禹的后代，吴国是周王室当年所建的卫星小国。吴王阖闾当政期间，得到来归的楚国大臣伍子胥和著名军事家孙武的辅佐，国势日益强盛，曾经大败楚军而攻入郢都，伍子胥鞭尸楚王。但吴军却功败垂成，其原因除了泣血秦庭，请得救兵之外，越国的乘机进攻吴国也是重要原因，对此吴王阖闾认为是奇耻大辱。

周敬王二十四年，勾践继位为越王，吴王阖闾认为有机可乘，为报新仇旧恨，大举进攻越国。当时越王新立，布署未定，按照实力和当时的形势分析，吴胜越败是显而易见的事情，谁料战争的结果竟是吴军一败涂地。

战争中，勾践挑选一批勇士，脱去上衣，手执利刃，列成三行，缓步向吴军阵前推进，助以响彻云霄的喊声："冒犯上国兴师讨伐，愿以一死为越王赎罪！"吴军还没有反应过来，他们已来到吴军阵前，一个接一个地刎颈而死。吴军人人目瞪口呆，对于眼前血肉模糊的悲壮场面，惊赫、震撼，不知所措。刹时，越军阵地金鼓齐鸣，越兵排山倒海冲杀过来，吴军招架不住，一路败退下去，吴王阖闾的右脚，也被越军大将灵姑浮的长矛刺中，回国后不久就因伤重而死。这就是历史上有名的"携李之战"，会战的地点就在今天浙江嘉兴一带。

吴王阖闾临死前曾经嘱托他的儿子夫差，一定要踏平越国，为父亲报仇。夫差继位后便积极地在太湖训练水军，并在姑苏灵岩山下建立"射棚"，以娴熟战技，又在自己的寝宫门前，设立专人，随时厉声向自己提醒："夫差！你忘记越人杀死你父王的仇恨吗？"每次夫差都敬谨庄肃地回答："不敢忘记！"

上一代的战争仇恨，很快地又以诉诸战争的方式来解决，越王勾践为了先发制人，不等吴军准备就绪，便首先点燃战火。这次是吴军反过来变成"哀兵"的姿态，抱定必死的决心，大败来犯的越兵，越国主力损失殆尽，最后收拾残余五千人退保会稽，也被吴军团团围住。

勾践喟然长叹："吾将终于此乎?"大夫文种马上加以劝解:
"过去,商汤囚于夏台,文王系于羑里,晋公子重耳奔狄,齐公子小
白奔莒,最终都成就了霸业,由这些事情看来,现在的困境又何尝
不是福呢?"于是勾践采纳了文种的建议,挑选美女八名,并携带金
银珠宝,通过吴国太宰伯否,达成和议。

当时吴国有主战和主和两派,相国伍子胥力倡乘胜追击,一举
捣灭越国。大宰伯否则认为与其玉石俱焚,不如以条约来取得越国
的利益。争论的结果,终于采取了伯否的建议,签订了条件苛刻的
条约,从而也使得越国获得了一线生机。

按照和约的规定,勾践在处理完一切善后事宜后,便得入臣吴
国。日期一天天迫近,勾践忧形于色,大夫范蠡劝道:"臣闻没有经
过孤独生活的人,志向不远大,没有经过大悲大痛的人,考虑问题
总不周全。古代圣贤,都曾遇困厄之境,怎么会独独只有您呢?"勾
践叹道:"主要是为了去越入吴的人事安排,一下子还难作妥当的决
定!"这时大夫文种上前说道:"四境之内,百姓之事;范蠡不如我;
与君周旋,临机应变,我不如范蠡。"范合立即附和:"文种自处已
审,主公以国事委托给他,可使耕战足备;至于辅危主,忍垢辱,
臣不敢辞。"‘

一切准备妥当,勾践便与夫人及范蠡启程入吴,群臣在固陵江
畔摆酒饯别,君臣相对凄然泪下,黯然挥手而别,很有些"风潇潇
兮易水寒,壮士一去兮不复还"的气氛。

既入吴国,勾践等人肉袒俯伏谒见夫差,夫差盛气凌人地说:
"寡人假如念先王的仇,你今天断无生理!"勾践赶紧叩首回答:
"惟大王怜之!"

勾践夫妇穿着仆人的衣服，守过阖闾的墓，还当过马夫与门卫，夫差每次乘车外出，勾践总是牵着马步行在车前，范蠡也始终朝夕相随，寸步不离。

一天，夫差召勾践入见，勾践跪伏在前，范蠡肃立在后。夫差对范蠡说："今勾践无道，你能弃越归吴，必当重用。"范蠡答道："臣闻亡国之臣，不敢语政。臣在越不能辅佐越王为善，致得罪大王，幸不加诛，已经感到很满足了，怎么还敢奢望富贵呢？"第二天，吴王夫差在高台上眺望，看到勾践和夫人端坐在马厩旁，范蠡垂手立在身后，虽然蓬首垢面操持贱役，而不失君臣夫妇之礼，心中十分感动，也大起怜惜之念。

虽然夫差大起怜惜之念，然而仍不曾有恢复勾践自由的迹象。机会是人找的，识时务者为俊杰。夫差病倒了，而且病得很重，感染寒疾三个月未愈。这时勾践前来求见，毛遂自荐道："臣在东海，曾习医理，观人粪便，可知病情。"说完取过夫差的粪便就尝。喜道："大王的病已大为减轻，七天后就会好转！"到期果然痊愈。吴王夫差大为不忍，于是摆下酒宴招待勾践，不断称赞勾践是仁者。伍子胥在旁看了大不以为然，警告夫差："勾践下尝大王之粪，他日一定上食大王之心，大王如果不觉察警惕。一定会被他打败的。"夫差哪里听得进去，认为勾践已经没有敌意，不久就将勾践亲自送出城，赦他回国。

勾践回国以后，以文种治理国政，以范蠡整顿军旅，为了牢记战败的耻辱，将国都迁到会稽，筑城立廓，作为复兴堡垒。一面奖励农桑，厚植经济基础；一面整军经武，加强雪耻复仇力量。

没有一时一刻忘却在吴国所受的耻辱，为了报仇雪恨，勾践苦身劳役，夜以继日，如果想睡了就用一种小草扎自己的眼睛，如果觉得脚冷就把水泼在上面。冬常抱冰，夏还握火，平日食不加肉，衣不重采。除了自己亲自耕作外，夫人也自织。勾践常常在半夜偷偷哭泣，哭完后就仰天长啸，著名的"卧薪尝胆"的故事就出在他的身上。此外，勾践还礼遇贤人，奖励生育。生聚教训，如火如荼的复国行动在全国各地蓬蓬勃勃地进行。

越国的雪耻计划在七年后已经卓有成效，但是表面上仍然低声下气地讨好吴国，除了春秋两季照例进贡以外，大批的建材源源不断地从越地运往姑苏，协助吴国建造华丽的宫殿，并呈献美女珠宝，俾使吴王夫差在声色犬马中自溺其志。

西施便是在一批又一批美人中，毅然肩负起雪耻复国的人责重任，在另一个战场上表现得最为出色的佼佼者。

范蠡鉴于历次送往吴国的美女效果不佳，于是微服巡行各地，决心要寻觅一两个绝色的美女，再通过有计划的训练和"包装"，以期一鸣惊人，用温柔的绳索，达到绊系吴王并趁机离间吴国君臣的目的，为越国的灭吴，创造一个有利的形势。

这天，范蠡来到宁萝山下，听说若耶溪畔有两位浣纱美女；一个叫西施，一个叫郑旦，两人犹如姐妹，据说有人想偷偷地看她们一眼，还得花上一文钱，才能越过村中老太太的"封锁线"。

终于范蠡也在若耶溪畔看到了西施和郑旦，果然令人目眩神迷，虽然生在穷乡僻壤，但却目如秋水，顾盼生姿，范蠡不但在越国从未见过如此艳丽的女子，就算在吴国宫中所看到的莺莺燕燕，也没有一个可以与她们两人姹美。不自禁想道："如果再加以琢磨，必然成为稀世的珍宝，一定可以赢得吴王夫差的欢心，说不定越国的前途就寄托在她们两人身上！"

范蠡表明了身份，说明了来意，西施与郑旦跪拜在地，想不到自己一个乡野弱女子，对国家前途竟是如此重要，于是慨然应允，愿意为国家奉献出她们的一切。

于是一项有计划的训练，在范蠡的策划与主持下迅速地展开，地点虽就在会稽附近，却十分秘密，除了西施与郑旦外，还有从全国各地挑选出来的美女十多人，训练的内容首重忠君爱国的思想教育，次及一般知识的传授，尤其着重在歌舞、仪态、礼节和蛊惑人心技巧上的磨炼，就连探听情报的知识和技术也成了必修的课程，务必在短期的密集训练中，快速变化她们的气质，培养出思想忠贞、气质高贵的一批特种工作人员。从现代意义讲，西施可算是一名赫赫有名的女间谍。

西施与郑旦在众多名师的调教下，很快便展露了过人的才情，三年下来已是能歌善舞、雍容华贵，一举手一投足都能表现出妩媚动人的风韵，经过越王勾践的测试，认为成效圆满，于是范蠡择期动身，带着西施、郑旦等一干美丽的"贡品"前往吴国。

在说长不长，说短不短的岁月中，范蠡和西施已双双坠入爱河，难舍难分，而且西施已怀孕数月，如何把一个大腹便便的美人儿献给吴王呢？

一路上却走走停停，到嘉兴地方，范蠡以西施水土不服为由，盘桓达半年之久。在这里西施为范蠡生下了一个胖乎乎的儿子，可怜这个初抵人世的小生命，在父母别无选择的情况下，又很快地在人间消失了。

范蠡与西施由于国难而聚首，又要为了国难而分开，贵为一国大夫，竟不能保住自己心爱的人，更无情地舍弃了他们的爱情结晶，心碎了，泪也流干了，还是得面对现实中的一切，何日能重续旧好，只有无尽的期待。

人是奇怪的动物，常常受客观环境的约束，作出一些违背自己意愿的事来，像是硬把自己心爱的往别人怀里送，而且是敌人的怀里送，还得装出心甘情愿的样子，那份儿别扭，窝囊，凄苦与无奈的心情，几乎使范蠡快要崩溃了。

必须压住自己怒涛汹涌的情绪，无论如何不能露出丝毫的不悦之情。当范蠡带着西施等一千美女在姑苏台上朝见夫差时，太宰伯否笑嘻嘻地乐观其成，而相国伍子胥却以妹喜、褒姒、妲己的故事加以劝阻。夫差说道："我又不是桀、纣和周幽王，相国不必多虑。"于是把越国进献的美女照单全收下来。

西施原本就如出水芙蓉般的美丽，经过一段时间的爱情滋润，更如牡丹盛开似的鲜妍媚人；郑旦仍然保持着杏花初放时的清秀模样，给人一种优雅绝伦的感受。夫差正在趾高气扬的时候，便特别喜欢如山花烂漫般的西施。

范蠡这次前来，与过去的狼狈情景有天壤之别，他以国宾的身份，受到隆重的款待，离开吴国前夕，夫差还特地设宴饯行，西施与郑旦眨眼就以女主人的身份在范蠡席前酬酢，西施那脉脉含情的眼睛，使得范蠡几乎无法自持，但国仇家恨，促使他收拾起儿女私情。

吴王对西施的美艳眷恋不已。而西施曾生育过的往事，在巧妙的掩饰下，夫差居然毫无觉察。夫差大兴土木，在灵岩山上建了一座富丽堂皇的馆娃宫，并挖空心思构筑响屐廊，在上面走动，发出铮琮的响声。又修一人工湖，沿湖遍植奇花异卉，湖上布置锦帆以供游乐。后人曾有诗描写当时的情景：

吴王在日百花开，画船载乐舟边来；
吴王去后百花落，歌吹无词洲寂寞。
花开花落年年春，前后看花应几人；
但见枝枝映流水，不知片片随行尘。
年年风雨荒台畔，日暮黄鹂声欲断；
借问后来看花人，锦帆何处空凭吊。

清代的吴梅村更在《圆圆曲》中写道：

妻子岂应关大计，英雄无奈是多情！
全家白骨成灰土，一代红装照汗青。
……
君不见，馆娃初起鸳鸯宿，越女如花看不足，
香径尘上鸟自啼，履廊人去苔空绿。
撸羽移宫万里愁，珠歌翠舞古梁州，
为君别唱吴宫曲，汉水东南日夜流。

西施的一颦一笑，一捧心一皱眉，都紧紧地扣住吴王的心弦；郑旦的若即若离、矜持秀雅，也使得吴王神魂颠倒而穷追不舍。这两人一搭一挡。轻易地便掌握了吴王夫差的整个"人"和"心"，并把他有计划地推向历代亡国之君的老路。

　　越王勾践迫不及待要报仇雪恨，大夫逢同却建议不可轻举妄动，应先"结齐、亲楚、附晋"，并鼓励吴国对外用兵，等到吴国精疲力尽就可克吴致胜。当西施把吴国准备攻打齐国的消息传到越国时，勾践就火上添油式地派三千兵助战，并派文种秘密朝吴，把越国镇国之室——屈庐之矛，步光之剑以及二十套祖传的铠甲，一齐献给吴王，一心一意鼓励吴国作军事冒险，以便坐收渔人之利。

　　然而吴国讨伐齐国，竟大获全胜，吴国相国伍子胥更念念不忘灭掉越国这个心腹大患。越国君臣一致认为，一定要在短期内消灭这个对吴国忠心耿耿的老家伙，扫除反攻雪耻的绊脚石。

　　这个艰巨的任务也由西施来完成，她运用各种机会，柔其声气，媚其姿态，一遍又一遍地在吴王耳边数说伍子胥的不是，谎话说了一千遍便能使人信以为真，吴王的信心终于动摇，开始怀疑伍子胥的忠贞。在一次关于越国问题的讨论中，争执又起，吴王夫差竟命令伍子胥自杀，悲愤的伍子胥用双手先挖下自己的双眼，命手下挂在城门，说他死后也要看到越兵入城。于是，盛怒的夫差残忍地下令将他切成碎块，用皮囊装上，抛入海中。至今汹涌澎湃的钱塘潮就是伍子胥那不散的千古忠魂所化。那千层、万层的波浪，排山倒海，诉说他的悲愤，他的千古冤情。

　　伍子胥死后，伯否当政，注定了吴国败亡的命运。

　　然而北宋名家王安石却另有一说：

　　　　谋臣本自系安危，贱妾何能作祸胎？

　　　　但愿君王诛伯否，不愁宫里有西施！

确实，吴国的灭亡，伯否难辞其咎，只是本文限于篇幅，不能备述。

周敬王三十八年秋间，吴王夫差耀武扬威地大会诸侯于黄池，精锐尽出，都城空虚，勾践乘机攻入吴国都城，将吴国太子在姑苏台活活烧死。夫差前后不能兼顾。四年后，吴国大旱，士民饥疲，勾践再度进攻吴国，吴军固守孤城，连还手的机会都没有了。

周元王二年，越军以水师第三次进攻吴国，围困吴都达两年之久，恰逢江南春雨，大雨如注，吴都城墙坍塌，越军乘隙长驱直入，夫差突围来到姑苏山，乞降不成，用三层罗帕裹面，拔剑自刎，以示羞见先王和伍子胥于地下，吴越长久的争端，终以吴王夫差的死而结束，勾践在经过二十二年的辛酸岁月，才彻底地雪了当年会稽战败的耻辱。

吴国既平，勾践挥军北上。在徐州大会诸侯，周元王派人赐胙，封勾践为霸主。越人横行长江流域，不再记得弱女子郑旦与西施的功劳。

宋代郑獬说：

千重越甲夜围城，战罢君王醉不知；
若论破吴功第一，黄金且合酬西施。

关于西施的下落，有一种传说，吴王自刎而死时，吴人把一腔怒火都发泄在西施身上，用锦缎将她层层裹住，沉在扬子江心。据《东坡异物志》载："扬子江有美人鱼，又称西施鱼，一日数易其色，肉细味美，妇人食之，可增媚态，据云系西施沉江后幻化而成。"

但历史的本来面目应该这样：在吴国灭亡的当天，范蠡做了两件事，一件是劝他的好朋友：一同共患难的文种趁早离开勾践，他说勾践这个人只能共患难，不能共安乐，如果不走的话，必然是"狡兔死，走狗烹；飞鸟尽，良弓藏。"可惜文种没有听他的劝告，果然被勾践所杀。

第二件事就是，在姑苏台下花荫深处找到了萎顿不堪的旧日情人西施，仓皇逃到太湖，双双驾一叶扁舟，消失在烟波浩渺之中。范蠡为了心爱的人儿，不惜抛却荣华富贵，隐姓埋名，邀游五湖，过着惟江上之清风与山间之明月，耳得之而为声，目遇之而成色的逍遥生活，专致唱随之乐，不再萦心于人世间的恩怨是非。

很久以后，在山东出现了一位巨富，叫陶朱公，万贯家财，他的妻子也美艳如花，夫妇感情真挚，这位陶朱公就是范蠡，他的妻子就是西施。时间能冲淡一切，随着岁月的流逝，也没人再去追根究底了。

历史上对越王勾践的忍辱负重，卧薪尝胆总赞誉备至，而对西施的伟大牺牲则语焉不详，毁誉不定。甚至总把她作为反面材料来提供教训。

唐代罗隐说得好：

　　　　家国兴亡自有时，吴人何苦怨西施；
　　　　西施若解倾吴国，越国亡来又为谁。

还有人说美丽的西湖是西施的化身。

卓文君当垆沽酒只为情

四川邛崃文君井有一联：

君不见豪富王孙，货殖传中添得几行香史；停车弄故
迹，问何处美人芳草，空留断井斜阳；天崖知己本难逢；
最堪怜，绿绮传情，白头兴怨。

我亦是倦游司马，临邛道上惹来多少闲愁；把酒倚栏
杆，叹当年名士风流，消尽茂林秋雨；从古文章憎命达；
再休说长门卖赋，封禅遗书。

这一副对联赞美卓文君、司马相如的爱情。女人往往把爱情摆
在首位，其次才轮到生命、财富、亲情，其他的一切更是十分遥远
无暇多作计较，卓文君夜奔司马相如，当垆沽酒就是一个鲜明的
例子。

卓文君眉如远山，面如芙蓉，通晓琴棋书画，为人豪放风流；
十七岁出嫁，不久便因丈夫去世返回娘家过寡居生活。自然是面对
春花秋月，感物伤人，备感凄凉。

卓家祖居赵国，赵国的邯郸是当时著名的冶铁中心，卓家就以
冶铁致富，等到秦始皇灭赵国进行统一之际，卓家辗转迁到蜀地的
边僻小邑临邛定居，仍以冶铁为业。到汉代文景之治，卓家传到卓
王孙这一代，由于社会安定，经营得法，已成巨富，拥有良田千顷；

华堂绮院，高车驷马；至于金银珠宝，古董珍玩，更是不可胜数。

蜀中山明水秀，地灵人杰，孕育了不少出色的文人雅士，司马相如便是其中的一位。他因慕战国时代赵国蔺相如的为人行事，以"相如"作为自己的名字，也立志要为国家做一番轰轰烈烈的大事。汉景帝即位不久，司马相如来到长安，遇到颇有书卷气息的梁王，当时名重一时的辞赋大家邹阳、枚乘、严忌等都追随左右。司马相如十分倾慕，便追随梁王而去。在梁地作赋弹琴，生活过得十分得意。梁王盛赞其才情高华，赐给他一把名叫绿绮的琴，上面刻有"桐梓合精"的字，是当时不可多得的名贵乐器。这把琴就是后来司马相如用来弹奏"凤求凰"，卓文君听后夜奔的那把琴，所谓"绿绮传情"使这把琴更富传奇色彩。

然而卓文君与司马相如私奔的时候，司马相如当时的生活并非琴书雅集，诗酒逍遥，风月无边。由于梁王的短命去世，宾客星散，司马相如回到老家成都，而家里已是父母双亡，家徒四壁，在无以自立的情况下，他抱着迷茫的希望来到边陲小县临邛投靠担任县令的好友王吉，寄人篱下。联系到当年司马相如的志向，当年的生活，算得上是十分的失意，十分地潦倒了。

卓文君就是在司马相如这样的时候，凭着司马相如在她家弹奏的一曲"凤求凰"，在封建时代礼法森严的社会里，不顾嫌隙的黉夜私奔住在客舍的司马相如。便郎贪女爱，如鱼得水；便露滴牡丹开，刘阮上天台，彻夜绸缪。更在第二天索性双双驰归成都司马相如老家，可说是情有独钟，或者说情之为物，不可理喻。对这件事情，卓王孙当然是盛怒难消，认为司马相如有辱衣冠，自己的宝贝女儿也太不争气，黉夜私奔，败坏门风，使他丢尽脸面；更主要的是司马相如是一个穷光蛋。然而司马相如豪情不减地典衣沽酒，过着有今天，没有明天的逍遥生活；卓文君也脱钏换粮，根本不把今后的生计放在心上。几个月后，他们索性卖掉车马，回到临邛开了一间小酒家，卓文君淡装素抹，当垆沽酒，司马相如更是穿上犊盘鼻裤，与保佣杂作，涤器于市中，忙里忙外担任跑堂工作。

这是临邛市上的一件天大新闻，顿时远近轰动，小酒店门庭若市，热闹非凡。卓王孙经不起亲朋好友的疏通劝解，迫不得已分给他们童仆百人，钱百万缗，并厚备妆奁，接纳了这位把生米已经煮成熟饭的女婿。也有人讲这是司马相如搬出的一套"赖皮"作风，逼那位爱脸面的岳父大人就范，于此也可见司马相如没有一般文人的穷酸相，颇具豪情。这也许是卓文君深爱他的一个重要原因吧。从此这对小夫妻又过上了整天饮酒作赋，鼓琴弹筝的悠闲生活。

汉景帝之后，汉武帝即位，对司马相如原来随梁王时所写的《子虚赋》十分赞赏。于是司马相如再次来到京师，在狗监杨得意的引荐下，武帝召见了司马相如，司马相如更竭尽才智写了一篇《上林赋》，盛赞皇帝狩猎时的盛大场面，举凡山川雄奇，花草繁秀，车马垣赫，扈从壮盛，皆纷陈字里行间。好大喜功的汉武帝一见之下，拜司马相如为郎官。司马相如在长安踌躇满志，卓文君则在成都独守空帏，静待丈夫衣锦荣归，久而久之，便产生了"忽见陌上杨柳色，悔教夫婿觅封侯"的心情。

司马相如凭着一支生花妙笔，以一篇檄文，晓以大义，剖陈利害，并许以赏赐，消弭了巴蜀两地不稳的情势，汉武帝大喜，再拜其为中郎将，持节出使西南边陲地区，对蛮夷进行宣慰；拥旌旗、饰舆卫，声势赫耀地回到了成都；与卓文君会合后一路朝西南进发。

当然是一定要绕道临邛去看看的，当地官员纷纷出廓相迎，百姓更是夹道欢呼，卓王孙自然是十分光彩，执意挽留这位乘龙快婿与宝贝女儿小住数日，与当年的穷困潦倒，当垆卖酒，自然是此一时，彼一时了。

西南诸夷经过司马相如的宣慰与晓喻，尽皆奉表称臣，按理司马相如功在汉室，应该受到封赏，然而由于他自己困于书生之见，上书谏止汉武帝狩猎，更借诔讽劝，阻挠了汉武帝的兴致，只给了他一个名位清高而闲散的官职。俗话说："饱暖思淫欲，饥寒起盗心。"司马相如虽才华出众，也未能免俗。长久以来，司马相如便为消渴症所苦，消渴症也就是糖尿病，必须有所禁忌，善加调养；然而司马相如衣食丰足之后不但不知珍摄，反而吃着碗里，望着锅里。时常周旋在脂粉堆里，如今已经年逾知命之年，卓文君睁一只眼、闭一只眼，也懒得与他计较。直到司马相如意欲纳茂陵女子为妾，在锦衣玉食之时弃糟糠而慕少艾时，卓文君才忍无可忍，作了一首《白头吟》，说道：

皑如山上雪，皓如云间月，闻君有两意，故来相决绝。
今日斗酒会，明旦沟水头，蹀躞御沟止，沟水东西流。
凄凄重凄凄，嫁娶不须啼，愿得一心人，白首不相离。
竹杆何袅袅，鱼儿何徙徙，男儿重义气，何用钱刀为？

并附书："春华竞芳，五色凌素，琴尚在御，而新声代故！锦水有鸳，汉宫有水，彼物而新，嗟世之人兮，瞀于淫而不悟！"

随后再补写两行："朱弦断，明镜缺，朝露晞，芳时歇，白头吟，伤离别，努力加餐勿念妾，锦水汤汤，与君长诀！"

卓文君哀怨的《白头吟》和凄怨的《诀别书》，使得司马相如大为不忍，想到当年的患难相随，柔情蜜意的种种好处，实在不便一意孤行，而弄到月缺花残，香消玉殒的地步。

纳妾不成，两人白首偕老，安居林泉，又度过了十年恩爱岁月，司马相如终因糖尿病溘然长逝，卓文君终于尝到了未亡人冷冷清清的孤寂况味。回首前尘，恍然一梦，第二年深秋，霜降草枯，长空雁鸣，形影相吊，子然一身的卓文君也随司马相如于九泉之下。

司马相如的文采，卓文君之美艳，当垆卖酒，白头兴怨，长门灵赋；封禅遗书传为千古佳话。或许有人会说一向重视礼教的古代，大家闺秀黲夜私奔，实在是一件不可思议的事情。事实上汉唐时代豪放女子所在多有；深居闺阁，大门不出，二门不迈，那是宋代以后的事了。

秦罗敷与《陌上桑》

据载，秦罗敷是东汉光武帝时，今河北邯郸地方的人。她那既美丽又贤惠的形象是通过一曲《陌上桑》而传颂千古的。

> 月出东南隅，照我秦氏楼；秦氏有好女，自名为罗敷。
> 罗敷善采桑，采桑城南隅；丝为笼系、桂枝为笼钩。
> 头上倭坠髻，耳中明月珠，湘绮为下裙，紫绮为上襦。
> 行者见罗敷，下担将髭须。少年见罗敷，脱帽着肖头。

耕者忘其犁，锄者亡其锄。来归相怨怒，但坐观罗敷。

使君从南来，五马立踟蹰。使君遣吏往，问是谁家姝？

"秦氏有好女。自名为罗敷。"

"罗敷年几何？"

"二十尚不足，十五颇有馀。"

使君谢罗敷：

"宁可共载不？"

罗敷前置辞：

"使君一何愚！使君自有妇，罗敷自有夫。

东方千余骑，夫婿居上头。何用识夫婿？白马从骊驹；

青丝系马尾，黄金络马头；腰中鹿卢剑，可值千万馀。

十五府小史，二十朝大夫，三十侍中郎，四十专城居。

为人洁白皙，鬑鬑颇有须。盈盈公府步，冉冉府中趋。

坐中数千人。皆言夫婿殊。"

这诗在《宋书·乐志》中，题名《艳歌罗敷行》，在《玉台新咏》中，题为《日出东南隅行》。而最早在晋人崔豹的《古今注》中，题为《陌上桑》，宋人郭茂倩《乐府诗集》沿用了《古今注》的题名，以后便成为习惯。"陌上桑"，意即大路边的桑林，也就是故事发生的场所。因女主人公在路边采桑，才引起一连串的戏剧性情节。

汉光武帝刘秀的叔父刘良封为赵王，驻地在邯郸。汉代设有郡国，分封宗室子弟为王，下辖太守及县乡若干，各郡国有丞相、中尉、御史大夫、九卿及博士等官，俨然就是一个小型的王国；东汉光武帝建武二年改郡国为公国，职权及范围均较西汉为小，建武十九年宗室各公复晋爵为王，赵王刘良就是其中的一个，所辖仅一县之地而已，不能与西汉时期的郡国相比，更无法与战国时代的诸侯国相提并论。有人误以为这个故事发生在战国时期的赵国，其间相差了六百多年！

秦罗敷是邯郸城里尽人皆知的大美人，除了天生丽质之外，更在梳妆打扮与服装饰物上，极尽华丽及时髦之能事，因而使得看见她的人，莫不为之心旌摇曳，意乱情迷，甚至于目瞪口呆，失魂落魄。她十八岁那年嫁给当地的王仁做妻子，王仁长得身材修长而白皙，是一个文武兼资的好青年，正在赵王府中担任一种叫千乘的职务，夫唱妇随，情爱弥笃。王仁早出晚归，兢兢业业地为公务奔忙，秦罗敷也忙着采桑养蚕，织绢刺绣，闲下来的时候便以弹筝唱歌自娱，邻里都说她是一个漂亮而又能干的女人。

正值春暖花开的季节，邯郸城外踏青游人往来如织，嫩柳如丝，桃红李白，赵王高车驷马经过一带桑林，遥见无数少女在绿荫深处，手挽柔枝采摘桑叶，不啻就是万顷荷叶中点点盛开的花朵，不觉为之心醉，久久不忍移开视线。

赵王刘良趁着几分酒意，浑然忘我，停下了车骑，游目骋怀，一个一个地仔细打量，突然眼睛一亮，仿佛在大海之中，发现了一颗璀璨的明珠，不远处的桑荫中有一个丽人，姿态曼妙，秀艳动人。宛如那一枝出墙的红杏，关不住的满园春色。怦然心动不能自持，移近调笑，丽人不为所动，径由随从人员打听才知是千乘王仁的妻子。

东汉光武帝崇尚节俭，讲求谦让，表彰气节。上行下效，蔚然成为一种风尚，竞以名节自励，使得社会风气日趋淳美；赵王是光武帝的叔父，自然不愿与人以口实，担上一个调戏部属之妻的恶名，于是收拾起荡漾的心情，心不甘情不愿地踏上了归途。

　　然而回到宫中，方才桑林边惊艳的一幕，仍然清晰地印在脑中，登上高台极目远望，隐约可见采桑女子仍然辛勤工作不辍，若思冥想，经过了理智与情感的一番交战，最后终于决定了一个比较缓和而又不违背礼法的办法，准备选择一个日期置酒欢会，邀请秦罗敷前来赴宴，然后再相机行事。倘若她是一个守贞不二，性情刚烈的女子，自然不能相强，以免闹到不可收拾的局面；如果她是一个虚荣而又开放的女人，未尝不可许以金帛，施以甜言蜜语，而达到一亲芳泽的机会。

　　主意打定，赵王于是命人大张筵席，柬邀秦罗敷前来赴宴，秦罗敷如约而来，赵王以礼相待，酒过三巡，菜经五味，赵王开怀畅饮，已有五分酒意，逐渐话语有些模模糊糊。就在赵王语涉不庄之际，秦罗敷不慌不忙地说要为他弹唱一曲以助酒兴，在赵王的首肯下，秦罗敷以纤纤玉手拨动筝弦，轻启朱唇，一曲著名的《陌上桑》就这样产生了。

　　这诗的第一段是交代秦罗敷的姓氏里居，并把她的美艳容貌及华丽衣饰描绘得淋漓尽致，更以路上行人及田间的耕作者，贪看罗敷采桑的美妙姿态，而浑忘所以的痴呆情状，更烘托出她的光艳照人。

　　第二段是描绘一位太守级的人物，看上了秦罗敷的美貌，冒冒失失地派人询问女方的姓名年龄，妄图以富贵诱人，而女方以"罗敷有夫"相拒。

第三段是盛夸其夫婿的辉煌经历及显赫地位：腰佩宝剑，骑在白马之上，千骑相随，多么威风；白皙而有须，修长而劲挺；多么神气。又有谁能够比得上呢？

赵王刘良当然知道秦罗敷的丈夫就是王仁，哪里是什么年逾四旬的侍中郎，也哪里有专城可居；然而他也了解这不过是一种"文学式"的幻化手段，故意夸张夫婿在她心目中的地位与声望，从而暗示出她对目前婚姻生活是十分满足而幸福的，根本不可能产生红杏出墙之念，想打她主意的人，也可以死了这条心。

毕竟赵王刘良不敢违背朝庭大力提倡的气节与礼法观念，不能明目张胆地强取豪夺，在莫可奈何的心情下，眼看无法打动美人的芳心，只好怅然作罢，秦罗敷的一曲《陌上桑》从此也流传开来。

古时王侯将相有权有势，如果一旦看上了哪一家的美艳女子。不论是待字闺中，或者是出嫁而为人妇，总会千方百计，软硬兼施地攫为己有；而秦罗敷以美制情，拒绝了富贵荣华的诱惑，难能可贵地使赵王刘良知难而退，收敛了他的心猿意马，使这段畸形的爱恋故事，获得了一个非常突出的结局。从此"罗敷有夫"便成了已婚妇女有力的挡箭牌，从而也保全了不少妇女的名节。

"罗敷"是汉代女子常用的名字，犹如汉代男子喜欢用"延年"是一样的；正如同今日女士们爱用"玛利"，男士们爱用"俊雄"为名字，同样是一种时尚而已。

诗中提到的"倭坠髻"是东汉京城一带最流行的发型，是"盘桓髻"的改进，发髻偏坠一旁，犹如骑士的坠马一般，更显佻巧和妩媚。

我国妇女以带耳环为美，而耳环作为妇女的装饰品是从东汉开始的，罗敷以明珠作耳环，湘绮及紫绮为衣裳，都是东汉时期的时髦妆扮。

也有人说《陌上桑》中的秦罗敷历史上并无其人。中国古代，以男耕女织为分工。"女织"从广义上说，也包括了采桑养蚕。桑林在野外，活动比较自由，桑叶茂盛，又容易隐避，所以在男女之大限还不很严厉的时代，桑林实是极好的幽会场所。在这里，谁知道发生过多少浪漫的故事？自然而然，桑林便不断出现于爱情诗篇中。可以说，在《诗经》的时代，桑林已经有了特殊的象征意味。

然而随着时代的变迁，原先桑林中那种自由自在的爱情遭到了否定。桑林成了女子拒绝男子爱情的场所。所以"罗敷"的形象成了美和情感的因素，同时代所要求的德性的结合。

刘兰芝的柔情与贞烈

"自古红颜多薄命"，人们看这句话时，多与权势、名利联系在一起，实际上这句话也适宜于普通的家庭，普通的人。

刘兰芝是汉代末年庐江郡的一个小家碧玉，"十三能织素，十四学裁衣，十五弹箜篌，十六诵诗书"，看样子她是一个家教严谨，多才多艺而又知书达礼的闺阁少女。十七岁的那年嫁给庐江郡的一个公务员焦仲卿为妻。

焦家人口简单，丈夫之外只有守寡多年的老母和一位小姑子，也算是当地的小康之家。刘兰芝嫁到焦家以后，起早睡晚，辛勤操持家务：提水、烧饭、洗衣、织布，一天到晚忙个不停，把一个四口之家打理得有条不紊。

焦仲卿看在眼里，喜在心头，工作余暇便在妻子身边，喁喁低语，情话绵绵，偶尔也弹筝奏乐，轻声合唱一曲，伉俪情深，其乐融融。邻里之间对这对郎才女貌的小夫妻，莫不十分羡慕，然而焦母心中却非常不是滋味。焦母始则蛮不讲理地加重媳妇的工作量，继而百般挑剔媳妇的不是，终于完全丧失理性，认为媳妇简直就是破坏焦家和谐气氛的狐狸精，强迫儿子非把刘兰芝休回娘家不可。

焦母当时要休去刘兰芝的理由就是认为媳妇没有礼节，凡事爱自作主张，使我老人家心里不快活。这在今天看来简直会是天大的笑话，然而这在古代却是重要的理由，古代有所谓"七出"之余，符合其中的任何一条都可以休妻。《礼记·本命》中记载："妇有七去：不顺父母去，无子去，淫去，妒去，有恶疾去，多言去，窃盗去。"

从心理学的角度看，焦母守寡多年，母子相依为命已经成为长久以来的习惯，家中忽然多出一个媳妇，使母子之间彼此依赖的态势，顿时产生大幅度的变化，失去了心理平衡，迁怒于媳妇。当时焦仲卿认为媳妇的行为并无不当之处，为何得不到母亲的爱护呢？他反对母亲这样做，在母亲面前发誓："倘若遣去媳妇，此生誓不再娶！"但是焦母却使出了最后的杀手锏，一把鼻涕，一把眼泪地以死相威胁，在最后关头焦仲卿还是败下阵来，屈从了母亲的意思。

当天夜里，夫妻两人泪眼到天明，焦仲卿一再解释他的尴尬处境，并保证假以时日，情况必然会获得改善，劝慰其妻务必要暂时忍耐，过些日子再来相迎；然而刘兰芝不敢作此奢望，完全是一别成永诀的态势，哭得像个泪人儿似的，犹自叮咛丈夫把留下来的绣襦、罗裙、斗帐、香囊、镜匣、丝绳等女用物品，得便全部赠送别人好了，不必留置，以免睹物伤情，徒增苦恼。

泪还没有干，天就快亮了，含着悲愤的心情刘兰芝起床收拾打扮，她在穿衣着袜的时候，每一件小事都重复四五遍，每一遍都牵动着她对丈夫的无限深情，欲说还休，欲说还休！她款款地走出房门，向焦母辞行。她是严肃的，穿着典雅的服装，这是一种对焦母的抗议。然而这一圣洁的表情轮到向小姑子辞行的时候，化作珠泪涟涟。她的满腹辛酸在同是女性，又与自己同龄的小姑子面前再也忍不住了。她必须离开而又不忍离开这个家啊！

该走了。一辆马车载着刘兰芝离开焦家，焦仲卿骑着一匹白马随车相送，行行重行行，车轮的每一转动，似乎在辗碎两颗已经支离破碎的心，忍不住难舍难分的痛楚，焦仲卿下马钻进车里，两人再度相拥而泣，指天发誓，绝不相负："君当作磐石，妾当作蒲苇。蒲苇纫如丝，磐石无转移。"意即海枯石烂，两情相悦，永不变心。到家了，该分手了，"举手长劳劳，二情同依依"。

然而事物的发展总不以人的意志为转移。刘兰芝回到家中，善良的母亲望着回家的，"进退无颜仪"的女儿，大为悲摧。然而刘兰芝还有一位性情暴躁的兄长，对她这位兄长，刘兰芝是早有心理准备，在回家的路上她就知道："我有亲父兄，性行暴如雷，恐不任我意，遂以煎我怀。"

果然，刘兰芝回家后，首先是县令遣媒为他刚满十八岁的第三个儿子求亲，做母亲的理解女儿的心情，在女儿的求恳下代为谢绝了。不久，太守造县丞为他的五少爷求婚。当母亲再次准备为女儿谢绝时，她的兄长出面干涉了，在旧社会长兄代父啊，而家庭又是认男子为主的，于是答应了这门婚事，并纳采行聘，选定了良辰吉日，准备迎亲过门。刘兰芝默不作声，只有用手巾掩口啼泣，眼泪哗哗地直流，所谓"腌腌日欲暝，愁思出门啼"。

焦仲卿听到刘兰芝再嫁的消息，快马加鞭赶到了刘家，已经是薄暮时分，那声声马嘶，也就是他心中的悲鸣。眼见门前已经搭好了"青庐"，那是以大幅布幔搭成的帐幕，是新娘出阁前的一晚用来过夜的。见到刘兰芝，焦仲卿气急败坏地说："我如磐石，千年不转移，而你蒲苇的韧性呢？何以在一天一夜之间一切就变了样子呢？我们的海誓山盟呢！我只有祝贺你攀上高枝，一天比一天过得好。"刘兰芝肝肠寸断，呜咽讲道："人生不如意，一言难尽，你又何必那样讲呢！我和你同样是受逼迫，只有一死来表明我的志向了。"刘兰芝哭着跑回青庐，焦仲卿也拨转马头，万念俱灰地踏上归途，世上万般辛苦事，无过死别与生离。

那天已是冷冬的时节，寒风摧凌着树木，树叶飘零。渐渐地庵庵黄昏，寂寂人定，斜月清冷，严霜满地，偶尔地自空中传来一两声孤鸟的悲鸣。刘兰芝踉踉跄跄地离开了青庐，趁人不备，跃身投入村外的池塘之中，用她的生命来诠释情爱的坚贞。

那边焦仲卿回到家里以后，登堂拜母，说了一些"不能承欢膝下，万望善自珍重"的诀别话。他那糊涂而专横的母亲还在安慰他："汝是大家子，仕宦于台阁，慎无为妇死，贵贱情何薄。东家有贤女，窈窕艳城廓，阿母为汝求，便复在旦夕。"不管母亲如何劝勉，此时焦仲卿已经决心赴死，哪里听得进去。当天夜里徘徊庭院之中，三更过后，乌鸦成群飞过，焦中卿心知有异，认为爱妻已经殉情，正在黄泉路上等他结伴同行呢！于是解下腰带，绑在庭树枝上自缢而死。

刘兰芝放着"金车玉作轮，青骢马，金镂鞍"的富贵之家不去，甘愿为情而死，令人赞叹。

天亮以后，焦仲卿与刘兰芝双双殉情的消息，已经轰动了附近村里，焦母呼天抢地，为独子的死悲恸不已；刘家兄长更是愧悔交加，因为自己的贪利趋势，而害得走投无路的妹妹投水保贞；一般村民更是由同情而愤慨，聚集在两家门前，鼓噪唾骂，并要求将两人合葬在华盖山麓。

焦仲卿与刘兰芝的墓地，东西植松柏，南北种梧桐，若干年后，枝桠繁茂，浓荫覆地，有一种双栖双飞的鸳鸯鸟，夜以继日地穿飞上下，婉啭和鸣；青年男女纷纷来到墓地参拜，祈求获得美满良缘，至今安徽省舒城县城南的华盖山，还有鸳鸯坟的遗迹！焦仲卿是庐江郡的一个小吏，大约是在如今安徽省庐江县、潜山县与舒城县一带的地方。

这是一个令人感伤的悲剧爱情故事，有一位民间诗人就此写成了一篇《孔雀东南飞》的五言诗，南朝徐陵把它收集在《玉台新咏》中。诗中对刘兰芝的形貌作了这样的描写："指若削葱根，口如含朱丹，纤纤作细步，精妙世无双。"说到她的服饰，作了这样的描写："足下蹑丝履，头上玳瑁光，腰着流纨素，耳垂明月当。"

《孔雀东南飞》中用了许多笔墨。来描写刘兰芝的才情、品性、美丽与装扮，目的在强调如此难得的佳人，竟然无法博得婆母的青睐，益增世人同情惋惜之意。

已经一千七百多年过去了，而今银幕上与舞台上，仍然不断地在搬演这段感人肺腑的故事，依旧能够赚人热泪，可见其不朽的因由，断非偶然或浪得了。"孔雀东南飞，五里一徘徊"，"生人作死别，恨恨那可论"，"多谢后世人，戒之慎勿忘。"

祝英台情动天地

祝英台生于东晋孝武帝太元二年，即公元337年。祝家也是由于北方出现"五胡闹中华"的局面而南迁的士族，定居在山明水秀的上虞地方，即今天江苏南部，在一处荒僻的梅溪源头聚族而居，人们都把这里称之为祝家庄，传到祝英台已是南迁之后的第四代了。

祝家的上两代曾经数度为朝庭效力，追随祖逖、陶侃、桓温等大军北伐中原，并且收复了原来西晋的都城洛阳，一度进军陕南。祝英台的童年时期，经常听到长辈们叙述征战的故事，小小的心灵中便立下了志愿，要成为一个效命疆场的巾帼英雄。

383年，淝水之战，前秦苻坚以投鞭止流之势，动员百万人马，大举攻晋，东晋宰相谢安边下围棋边指挥晋军反击，区区八万之师，竟然在他的侄儿谢玄的巧妙运用下，把来犯之敌打得落花流水，也留下许多美好的故事，如"八公山上，草木皆兵""风声鹤唳"。祝英台当时正度过她多彩多姿的童年，巾帼英雄没有当成，却熟读经史，成为了遐迩皆知的才女。

祝英台不是属于那种云鬓花颜，娇婉柔丽的女子，相反地却是一位活泼爽朗而略带几分男性气概的闺阁人物，为了满足她不能驰骋疆场的遗憾，遂降格以求地说服了父母，女扮男装，到杭州负笈游学，这时她只不过是刚满十四岁而已。

正值阳春三月，一路上桃李芬芳，江南草长。祝英台与服侍她的家人缓缓前行，在一处风光明媚，杂花生树的路旁小亭中，邂逅了由贸城而来的梁山伯，双方一见如故，相谈甚欢，于是结为异性兄弟，结伴同行，不日到了杭州城外的"崇绮书院"，拜师入学，朝夕勤苦攻读诗书。"子在川上曰：逝者如斯夫！"三年时间，弹指一挥，略嫌木讷而且长祝英台一岁的梁山伯，竟然没有发觉祝英台是个女孩。

三年时间不算短，耳鬓厮磨，日久生情。祝英台多次显示爱恋之意，又恐怕稍有不慎便会弄得不可收拾　而梁山伯一腔兄弟之情，并没有特别的感受。恰好祝英台的母亲生病，祝英台仓促回乡，梁山伯依依不舍地送了一程又一程。不久，梁山伯便风闻到祝英台居然是个红粉佳人，而且回乡后便许配给了贸城姓马的人家。人非草木，梁山伯迫不及待地赶到祝家，岂奈木已成舟、只有泪眼相向，凄然而别。真是相见莫如不见，多情还似无情。

三年的同窗，一同切磋学问，相互照顾扶持；风檐展书读，挑灯写文章；春来花丛温步，秋夜畅谈理想；关怀疾病，分享欢乐。点点滴滴的往事都化作刻骨的相思，一点相思，万种柔情，从记忆的深处如春蚕吐丝，绵绵不绝。

怪只怪梁山伯太不解风情，怪只怪祝英台没有把自己对梁山伯的情意，适时地告诉父母，在男大当婚，女大当嫁的情况下，答应了门当户对的马家求婚。既然有了婚约，便不能随意更改，当时是士族之风盛行，重门第，讲阀阅。祝、马两家都是由北方迁来的体面人家，祝家是不可能因照顾小女儿的情意而丢掉脸面的。

问世间情为何物，只教人生死相许……祝英台明白自己是深深爱着梁山伯的，她以为梁山伯并不爱她才答应马家求婚，现在梁山伯向她一吐衷肠，她可是肝肠寸断。人世事，几圆缺。婚约！婚约是不能废的，怎么办呢？痴情的女子用上了"拖延战术"，希望借时间来改变一切。主意既定，祝英台私下派人送信给梁山伯，希望他暂时隐忍一切，努力求取功名，以图借垣赫的声势来扭转一切，并表示对梁山伯海枯不烂，此情不渝。

一年过去了，两年过去了，祝英台已经是年近二十岁的人了，过去十四岁出嫁的闺女多的是，十七八岁更是公认的适婚年龄，虽然马家一再催促，父母也心急如焚，祝英台就是不肯点头答应，甚至不惜以死相胁，终于得到双方家庭的允许，婚事等到祝英台过了二十岁生日再说。

果然，皇天不负苦心人，在爱情这一伟大动力的驱使下，梁山伯终于获取了功名，又恰好被皇帝任命为贸城县令，贸城就是今日的浙江宁波。宁波在甬江与姚江汇流的地方，距海约四十里，江水清澈深泓，无滩险淤沙，便于舟船航行，到了唐代，这里成为日本人入贡和贸易的要道。东晋的时候虽然还没有与海外来往，然而商衢繁荣，舟揖辐辏，已经颇具大商埠的气势了。

梁山伯到任以后，忙着施政听讼，暂时还不便专注自己的私人事务，等到一切都就绪以后，衡情度理又不便贸然行事。贸城马家世代为官，宗族繁盛，梁山伯实在想不出什么充分的理由来横刀夺爱。因爱故生忧，因爱故生怖。忧心如焚，闷闷不乐的梁山伯终至于一病不起，溘然而逝。

就像是晴天霹雳，祝英台先是目瞪口呆，继而放声大哭，既哭梁郎的可怜，也哭自己的可悲，更哭梁郎的无能。这边是愁云惨雾，了无生趣；那边是催婚使者不断。祝英台的父母用尽了方法，一面好言相劝，一面苦苦哀求，祝英台万念俱灰，而且也再没有理由加以搪塞，于是心思一横，答应了择吉出嫁马家。

梁山伯死后，他的亲友遵照他的遗愿将他葬在贸城西郊邵家渡山麓，意思是要一睹祝英台出嫁时喜船路过的风采。祝英台自然是为了情郎，非要在出嫁时经过邵家渡不可了。更提出要到昔日的同窗好友梁山伯的墓上去祭拜一番的要求。笃念旧谊，益见多情，双方家长自然也不便峻拒。

北方人结婚时，新郎骑马，新娘坐轿；南方人，特别在江南水乡，结婚时多乘舟船。祝英台的喜船经过邵家渡时，马家迎亲执事人等，原想顺风急驶，让船来不及靠岸就驶过邵家渡，如果要拜墓，等三朝过后与新郎双双前往也不为迟。谁料船至邵家渡时，忽然狂风大作，江面波涛汹涌，喜船连忙靠岸避风，祝英台也就从容上岸，前往梁山伯坟前祭拜。一声哀号，伤心欲绝，刹那间天摇地动，飞砂走石，白昼灰暝，就在迎亲和送亲的执事人员大惊失色时，忽见坟前裂开一条一尺多宽的隙缝，说时迟那时快，祝英台一跃而入，转瞬风停地平，一切恢复正常。

其实，祝英台在答应出嫁的时候，便抱定了以身殉情的决心，她想过投江，自缢，总觉得不及亲到梁山伯的坟前撞碑为佳，本来是打算祭拜以后，一头向墓碑上撞去以结束自己的生命，不料却天从人意，省去了许多周折。当时的人都认为是天意，连朝廷都啧啧称奇，如果仔细探究起来，那天大约是龙卷风加上地震凑巧与祝英台拜墓的事凑在一块而已。

不管怎么说，这事是很感人，宰相谢安奏请孝武帝，敕封该地为"义妇坟"，并立庙祀奉。

晋安帝时，国家多难，梁山伯又屡显灵异为国效劳，为地方消灾，于是被敕封为"忠义王"。后来邵家渡的山坡上，时有大蝶双飞翩翩，据说黄色的蝴蝶就是祝英台，而褐色的蝴蝶就是梁山伯。

被人称之为："三生慧业，不耐浮尘，寄思无端，抑郁不释，韵淡疑仙，思幽近鬼。""骚情古调，侠肠隽骨，隐隐奕奕，流露于豪楮间。"著名的清代大词人，相国公子纳兰容若写了一首题为《蝶恋花》的情词：

"辛苦最怜天上月，一昔如环，昔昔都成玦。若似月轮终皎洁，不辞冰雪为卿热。"

"无那尘缘容易绝。燕子依然，软踏帘钩说。唱罢秋坟愁未歇，春丛认取双栖蝶。"

结语把永恒的爱情寄托在化蝶上，就是用祝英台与梁山伯的事迹来抒写胸中的块垒。

至今宁波城西十五里的高桥乡，倚山面水的山坡上，尚有一座构筑精致的庙宇，门题："敕封忠义王庙"，庙内即供奉着官服的梁山伯和穿新娘子衣服的祝英台，庙前有一段雕着大荷花的石板路，尽头有一座精巧的石拱桥，叫"夫妻桥"。庙右就是梁山伯与祝英台的坟。庙后有两人的寝殿，仿照卧室布置，宝帐绣榻，明镜香橱，榻前放有男女绣花拖鞋；橱中悬挂梁山伯的袍服冠带和祝英台的罗衣绣裙。庙前的楹联写着："精忠不二昭千古，大义无双冠五洲。"

相传农历八月二十一日是祝英台殉情的日子，从一千六百多年前的东晋末年开始，直到现在，每年从八月初开始直到月底，四面八方的水陆香客，络绎不绝地前往忠义王庙进香，尤其是青年男女更是成群结队烧香许愿，并在墓地绕行一周。以符合长久以来的古老相传的一句俗谚："若要夫妻同到老，梁山伯，祝英台坟上绕一绕。"

宁波在宋代以后，成为对外通商的四大口岸之一，历代古迹甚多，如天童寺及霞屿寺等，而游人最多，名气最大的仍是忠义王庙。

绛娘与崔护的桃花缘

去年今日此门中，人面桃花相映红；

人面不知何处去？桃花依旧笑春风。

这首崔护写的"题都城南庄"诗流传甚广，至今仍有不少人能朗朗吟诵。然而知诗者并非尽知这首诗中还隐藏着一个动人的爱情故事。故事中饱含着才子佳人的纯真之情，情节曲折神奇，人们称之为"桃花缘"。

崔护是唐德宗贞年间博陵县的一位书生，出身于书香世家，天资纯良，才情俊逸，性情清高孤傲，平日埋头寒窗，极少与人交往，即使偶尔偷闲出游，也喜欢独来独往。

这一年的清明时节，正逢一个难得的晴朗天气，屋外桃红柳绿、蝶舞蜂飞、清风微拂、春意袭人。午后春日暖照，苦读了一上午的崔护深为春的气息所感染，决心去郊外好好体味一下春的盛情。于是放下书本，兴致勃勃地独自步行出城。一路上杨柳花飞、莺燕啁鸣、暖阳和风、瑞气宜人。苦读不知春已浓的他顿觉心身清爽。一路漫行，看不尽的红花绿草，春山春水，他恣意享受着大自然赐予人类的礼物，浑然不知道路的远近。

不知不觉离城已远，他忽然觉得有些腿酸口渴，寻思着找一处乡野农家歇歇脚、讨些水喝，以便日落之前赶回城去。这里已是僻野，农家住得极为零落，他举目四眺，望见不远山坳处，一片桃花掩映中露出一角茅屋，于是加快脚步朝山坳走去。临近山脚，在远处能望见的茅屋，这时反而全部被桃树遮住，眼前只有一片蔚然的桃林：桃花灼灼，缀满枝桠，微风吹来，清香绕人，让人疑是误入了桃花源中。沿着桃林间的曲径往里走，在一小片空隙中有一竹篱围成的小院，院落简朴雅洁。院中住着茅屋三楹，全用竹板茅草搭成，简陋却整齐异常。崔护心想："何方高人，隐居在如此别致的地方。"

走近柴门，他叩门高呼道："小生踏春路过，想求些水喝！"一边叫门，他一边猜想，出来开门的必然是一位白发美髯、竹杖芒鞋、相貌清奇、谈吐风雅的老翁。吱呀一声，房门敞开，不料走出的却是一位妙龄少女。

少女布衣淡汝，眉目中却透出一股清雅脱俗的气韵，使崔护甚感惊讶。他再次说明来意，少女明眸凝视，觉得来者并无恶意，就殷勤地将他引入草堂落坐，自往厨下张罗茶水。崔护打量着四周，只见室内窗明几净，一尘不染，靠墙放着一排书架，架上置满诗书，桌上笔砚罗列，墙壁正中悬挂着一副对联，联文是："几多柳絮风翻雪，无数桃花水浸霞。"语句雅致，情趣不俗，绝不同于一般乡野农家的风格。临窗的书桌上正搁着一帧墨渍未干的诗笺，上面写着一首"咏梅"五言绝句；

素艳明寒雪，清香任晓风；

可怜浑似我，零落此山中。

诗句一定是这里的主人所书，似乎是在借梅花来感叹自己的坎坷身世，竟是这样充满着萧索与无奈。到底是何等人物隐居在这里？又是何等心情与遭际而衍出如此无奈的文字呢？一连串的问号浮起在崔护脑际，使得他对这桃花环绕的茅舍以及茅舍的主人大感兴趣，一心想要探个究竟。

这时，少女托着茶盘从厨房中出来，她落落大方地走向崔护，见对方正凝视着墙上的对联似乎在品味，她会心地嫣然一笑，轻轻地唤一声："相公，请用茶。"崔护从思索中转过神来，见少女正向自己走来，粉白透红的脸上秋波盈盈，不施脂粉的打扮，素净的布衣，更加衬托出少女的纯真和灵秀，宛如一朵春风中的桃花，向人们展示着生命的风采。一时间，崔护竟然有些看得发怔，少女似乎察觉了他的心意，迅即垂下眼帘，一份娇羞把她点缀得更加动人，崔护不由得心旌摇曳，险些儿难以自持。

但毕竟是饱读诗书，通情识礼的书生，崔护努力稳住自己的情绪，不致于在少女面前失态。他礼貌地接过茶杯，轻轻呷了一口茶水，故作镇定地表明自己的姓氏和乡里，接着又十分客气地叩问少女的姓氏及家人。少女似乎不愿多提这些，只是淡淡地说："小字绛娘，随父亲蛰居在此。"并不提及姓氏和家世，似乎有什么难言之隐，崔护自然也就不便多问了。

然而墙上的联句、桌上的诗句、以及眼前的人物，这一切所透露出来的，都强烈地暗示着这茅舍的主人，必有一番不凡的来历。

崔护的心目中形成了一团迷雾，但既然人家不愿多谈，他也就只好搁在一边了。两人在屋中静默了一会儿，崔护将话题转到景物上，他大赞此地景色宜人，犹同仙境，是游春不可多得的好地方。少女只是听他高谈阔论，含笑颔首似是赞同，却并不说话。说到春天，崔护诗情大发，又对古今著名的游春诗词品评了一番，最后说道："花开堪摘直须摘，莫待无花空折枝。"说完，他意味深长地望着绛娘，等着她的反应。灵慧的绛娘当然明白他的意思，在春意盎然的季节，面对着这样一位风华正茂、气宇轩昂、又才情逼人的少年郎，又怎不叫她情窦初开的心中春意荡漾呢？但知书识礼的少女怎敢在一个陌生男子面前敞开自己的心扉，她坐在那里含羞不语，两片红霞染上了面颊，偶尔用含情脉脉的目光向崔护一瞥，一碰到崔护的目光就迅速地收回。更加羞怯地望定自己的脚尖，益显出一副楚楚动人的模样来。面对少女的无措，崔护也不知如何是好，饱读圣贤书的他不可能做出更热烈、更轻浮的举动来。平时极少接触女孩的崔护自然不甚明白少女的心思，见少女长久不语，还以为自己得罪了她。于是暗暗警惕着自己，不知不觉便在言语上有了一些收敛。

那时讲究"男女授受不亲"，一对未婚男女能够端茶递水，独处一室，已属破格之举。在乡村僻野尚且说得过去，若在城里则是大逆不道的了。两颗年轻而挚热的心，在春日午后的暖阳中激荡着，彼此都被对方深深吸引着，然而"发乎情，止乎礼"，两个饱受礼节教育的年轻人并没有再进一步的越轨行为。眼看着太阳已经偏入西边的山坳，崔护只好起身，恳切地道谢后，恋恋不舍地向少女辞别。少女把他送出院门，倚在柴扉上默默地目送着崔护渐渐走远。崔护也不时地回过头来张望，只见桃花一般的少女，映着门前艳丽的桃花，一同在春风中摇荡，心中暗叹：真是一副绝妙的春景图啊！但少女眼中无限的眷恋他却已看不清楚了。

春日里一次偶然的相遇，在崔护和绛娘心中都激起了圈圈爱的涟漪。然而，男女之情，对男性来说是生活中的一些点缀，在女性却是生命的全部。自从崔护离开以后，绛娘对他一直念念不忘，翩翩少年郎的影子日日夜夜盘桓在她脑海中，让她朝思暮想、魂牵梦萦，但这一切她又不能对任何人提起。而崔护回到家中，随即就埋头于繁重的功课中，日夜苦读，心思不复他顾；寻春巧遇绛娘一事只能暂搁脑后不敢再去撩起，以免心猿意马而荒废了学业。

时光如流，转眼到了第二年春天，又是一个春暖花开的晴日，崔护望着城中绽开的桃花不由地触景生情，回忆起去年春天的城南旧事，感情的烈焰在他心中升腾，在无法压抑的冲动中，崔护抱着兴奋急切的心情，一路快行来到城外寻找往日的旧梦。一路上花开如旧，瑞气依然宜人，但这一些景物都已唤不起崔护的兴致，他心中只有那片灿灿的桃花中的伊人。寻寻觅觅，终于让他找到了去年那幢茅舍，但见一切如故，好像那一次春日艳遇就是发生在昨天。走近院落，里面寂静无声。他隔着竹篱高呼道："小生踏春路过，想求些水喝！"他重复着去年的语言，期盼着去年的那幕再次上演。

许久都不见少女出来开门，他唤了几声："绛娘！绛娘！"除了些许微弱的回音外，并无应答之声。再定睛一看，茅舍门上静静地挂着一把铜锁，宣告着主人已不在此。顿时，崔护觉得如一瓢冷水浇头，火热的心凉了大半。推开柴门，枯坐在院中桃花树下，缤纷的花瓣落了他一衣襟，仍不见少女归来。又是夕阳西斜的时候了，他讪讪地从窗棂中取出笔墨，怅然地在房门上写下七绝一首，这就是开头提到的那首"题都城南庄"。

题罢，他仍觉意犹未尽，沉吟两遍，想改第三句为"人面只今何处去"？转念又想，一首七言绝句中用两个"今"字，不甚妥当，于是仍依原句。再看诗中两次提到"桃花"一词，却并不嫌重复，反而更突出了主题，渲染了气氛。

崔护城南访旧，没能见到绛娘，回家后心里一直放不下来，脑子里不断地问：伊人究竟到哪里去了呢？——扫墓？探亲？郊游？甚至是出嫁了？他想来想去，绛娘的倩影时常萦绕在心头。这样一来，他根本无法用心读书，甚至连茶饭也难以下咽。于是，数日之后，他再度往城南寻访。

这次，他熟练地找到了茅舍，尚未走近，远远地就听到茅舍中传出了阵阵苍老的哭声，崔护心中一紧，连忙加快脚步赶到茅舍前高声询问究竟。

片刻之后，一位白发苍苍的老汉，颤颤巍巍地走了出来，泪眼模糊中，上下打量着崔护问道："你是崔护吧？"

对老汉知道自己的名姓，崔护有些讶异，他点头称："晚生是崔护。"老汉一听，悲从中来，哭着说："你杀了我的女儿啊！"崔护惊诧莫名，急忙询问："敢请老丈说明原委？"

老汉涕泪横流，哽咽地述说道："爱女绛娘，年方十八，知书达礼，待字闺中，自从去年清明见了你，日夜牵肠挂肚，只说你若有情，必定再度来访。她等过了一天又一天，春去秋来，总不见你的踪影，她朝思暮想，恍然若失。时过一年，本已将绝望。前几天到亲戚家小住，归来见到门上你所题的诗，痛恨自己错失良机，以为今生不能再见到你，因此不食不语，愁肠百结，便一病不起。我已老了，只有这个女儿相依为命，之所以迟迟不嫁，是想找一佳婿，好让我们父女有所依靠。现在绛娘却先我而去了，难道不是你杀了她吗？"

听了这番哭诉，崔护仿佛横遭雷击，一时被震得不知所以。萍水相逢，痴心女子竟用情如此之深，怎不让崔护心痛欲碎呢！他呜咽道："去年路经贵宅，口渴求饮，承蒙小姐赐茶，日前再来寻访不遇，怅然题诗而返，不料竟意出这样的变故，绛娘若死，晚生也不愿偷生了！"他边说边奔入内室，抱住断气不久的绛娘声嘶力竭地呼喊："绛娘慢走一步，崔护随你而来呀！"

崔护一边摇晃着绛娘，一边大声哭喊，泪水流满了绛娘的面庞。也许是他的精诚感动了苍天，也许是他的真情唤醒了绛娘的心，总之，这时绛娘竟然悠悠地苏醒过来。一开始是呼出一丝绵绵的鼻息，接着双目微启，然后唇角微动，似乎认出了崔护，自己把脸深深埋进崔护的怀里。老汉见了惊喜万分，急忙备好姜汤米浆，慢慢给绛娘灌下。就这样，多情的绛娘居然从黄泉路上又走了回来。

随后，崔护回家把情况禀明父母，父母十分体谅他们的一片真情，于是依礼行聘，择一吉日将绛娘娶进门来。绛娘的父亲也经崔家予以妥善的安置，得以颐养天年。但这父女始终不愿表明自己的姓氏和身世，留下一个难解之谜。也许老汉曾经在朝中为官，因故获罪，于是隐姓埋名，蛰居博陵城南，既然他有所顾忌，崔护一家也就知趣地不去探究。

崔护娶了绛娘这么一位情深意厚、贤淑美慧的娇妻，心中自是美不胜收。绛娘殷勤执家、孝顺公婆、和睦亲邻，夜来红袖添香，为夫伴读，使得崔护心无旁思，专意于功课，学业日益精进。唐德宗贞元十二年，崔护赶会士，获进士及第，外放为官，仕途一帆风顺，官到岭南节度使。在绛娘的佐助下，他为官清正，政绩卓著，深受百姓爱戴。

崔莺莺情断西厢

崔莺莺与张君瑞的爱情故事，由于戏曲名作《西厢记》的广为流传，在中国几乎是家喻户晓。而追究其根源，最早描述崔莺莺和张生的故事的作品，是唐代文人元稹的传奇《莺莺传》。作品中塑造的男主人公张生，实际上是作者元稹的化身，西厢故事也就是元稹对自己年少时期一段凄婉历程的追忆。元稹的西厢故事原本是一曲爱情悲剧，但历经文人的不断修改、润饰，到元代王石甫编成剧本《西厢记》时，已演变成一青年男女冲破礼教束缚，并在丫环红娘的巧妙周旋相助下，有情人终成眷属的爱情喜剧。这个结局是大家都十分熟悉的，在这里，我们却要回溯到故事的最初面貌，讲述一段崔莺莺情梦断西厢的爱情悲剧。

唐德宗贞元十六年，相国崔鹏病死京城，遗下夫人郑氏和孤女莺莺，母女二人在京城无依无靠，只好扶相国灵柩返回家乡。行至蒲州时，听人说前面去路上有大盗孙飞虎聚匪占山，拦路打劫颇不太平。崔家母女势单力薄，又携带家资细软，此去必定凶多吉少，因此只好暂时停留在城东的普救寺，慢慢再作打算。

话分两头说，有一位青年书生，名叫张君瑞，年方二十三岁，长得是清秀儒雅、一表人才，饱读诗书、性情孤傲，除诗词酬答外，很少与人交往。这年春天他游学来到蒲州，一次偶然的郊游经过普救寺，见这里远离街市尘嚣，满院古柏修竹、绿荫森森、幽静宜人，很快喜欢上了这里，索性把行装从城里客栈搬出，在普救寺的西厢院借了一间客房，决定在这里住上一段时间，静心读书，准备来年进京参加科举考试。恰巧，张生住的房子就在崔家母女的隔壁，院中间隔着一堵矮墙。

一个温和宜人的黄昏，张生读书读得有些累了，于是放下书卷，信步走出自己的小院，到外院享受一番花香风清。走到邻院门外，他不经意地朝院内望去，只见里面还藏着一个春意盎然的世界。院中植着一排柳树，清风吹来，柳丝款款拂动，如舞如诗。几个大花坛几乎占满了不大的院子，花坛中各色花儿开得正浓，花枝高低参差，把整个院落妆扮得花影迷离。张生正待将脚步移近半开的院门时，忽闻花丛中响起一串女子笑声，声音低浅，但婉转清丽，宛如出谷的新莺，娇啼声穿荡在花木间。这里竟还住着女眷？张生甚感惊讶，忙停住脚步，但又忍不住目光向院中逡巡，想要探个究竟。

院内正是相国小姐崔莺莺带着丫环红娘在赏花探春。莺莺出身名门，自幼受着严格的礼节教育，因而养成一副文静娴雅的大家闺秀风范；而红娘天性聪慧活泼，因是下女身份，也就没有那么多约束，一举一动都透露着机灵、顽皮和爽直的性格。红娘这里看见一双彩蝶忽上忽下地翻飞在一丛芍药花中，便对莺莺说："小姐看它们，成双成对，留连花蕊，多么幸福呀！"莺莺其实也正望着彩蝶发怔，经红娘这么一说破，又觉得十分不好意思，羞红了脸，佯装嗔怒道："你这小丫头，真不知羞！"红娘其实很明白小姐的心思，本是春心暗动，又碍着种种顾虑，不愿表露。她知道小姐这么说自己并无怪罪之意，因而也不还嘴，只是拉小姐又转到这边的花坛旁。

院外的张生听了两位女子的对话，心中也被撩拨得痒痒的。红娘拉着莺莺移步，就正好走入了他的视线。首先从花影中飘出的是一位着红衣短裙的少女，步履轻灵，神情活泼，看装束可知是一使女。随着红衣少女之后，又款款步出一位姑娘，她一身淡黄衣裙，身段颀长苗条，在夕阳映照下，好似嫩柳迎风，惹人爱怜。细看之下，见她脸如杏花含烟，眸如秋水凝碧，眉似远山微蹙，唇像丹蔻轻点，神情淡淡，似喜非喜、似忧非忧。这一看，竟令张生顿时不能自持，几次想冲过去，抚慰一番那位楚楚动人的姑娘。但他到底是一位知书识礼的书生，素来行为方正，不敢轻薄，终于强忍住自己的冲动，只是站在那里怔怔地痴望。渐渐两位少女已行近院门，红娘抬眼朝这边看过来，令张生猛地一惊，怕显出自己的失态，急忙离开了院门口。

回到自己屋中，张生对隔壁的小姐始终无法释怀，伺机向寺中的小和尚打听到，原来那黄衣姑娘是已故相国的独生女儿崔莺莺。

一次偶然的惊艳，使张生的心再难平静下来，强忍着思念坐下来读书，书中却又浮现出莺莺似喜似悲的神态，扰得他心神不定。日子稍长，张生与常常出入院内院外的红娘渐渐熟悉了。张生是心有所求，红娘见他温文儒雅，尚招人喜欢，所以两人慢慢有了言语来往。

一天，张生按捺不住内心的激荡，写成了一首言情之诗，诗中表达他对莺莺的一片爱慕和思念之情。诗写成了，却无法让莺莺看到，他左思右想之后，悄悄找来了刚要进院的红娘，求她代传心意。爽直的红娘大惑不解地说："既然如此倾慕我家小姐，为何不大大方

方地托媒人说合呢？"这一问倒难住了张生，因是孤身一人在外，无
父母作主，他确实没想到要找媒人求亲呢！怔了一会儿，他嗫嚅地
说："这些天来，因思念小姐，我食不知味，行不知所，简直无法度
日。若托媒而娶，则数月半载难有结果，岂不让我成为枯池之鱼。
远水难救近火，拜托姑娘不行吗？"

　　也许因为同是怀春的年龄，心易相通；也许因为红娘生性热心，
对张生有一丝怜悯之念，红娘竟不惜涉嫌冒险，应允了为张生与莺
莺设法撮合。于是，张生的第一封情书——春词，便由红娘之手，
传递到莺莺的梳妆台上。词云：

　　　　春来频行宋家东，垂袖开怀待晚风。
　　　　莺藏柳暗无人语，唯有墙花满树红。
　　　　深院无人草树光，娇莺不语趁阴藏；
　　　　等闲弄水浮花片，流出门前惹阮郎。

　　诗词中暗藏"莺莺"两字，词句含情，充满诱惑。满腹诗文的
相国千金，见到梳妆台上的诗笺，心里不禁荡起春意，诗词中的心
意她自然领会殆尽。实际上那日赏花，她也曾瞟见了站在院外发痴
的张生，春心也曾为他相倾，但碍于少女的羞涩，不便表露出来罢
了。正因为她是大家名媛的身份，深受礼教陶冶，自然不便私许男
女之情。因此张君瑞刻意策谋的这封情书，投出后就像石沉大海一
样，了无回音。

　　一介儒雅书生，能放下面子求红娘传书，已是相当不易了。书
去无音，他当然也就无可奈何了，除长吁短叹外，再也想不出博得

佳人青睐的良策。

可谓无巧不成书，正在这时，当地打家劫舍的大盗孙飞虎，风闻普救寺住了一个艳丽如花的美娇娘，一时色心大发，决定抢来做他的压寨夫人。于是，孙飞虎率领手下喽啰，将普救寺四周团团围住，然后派他的军师进院提亲。崔夫人一听这事，不由地勃然大怒，心想："堂堂相国家眷，竟遭这帮山匪毛贼欺侮，岂有此理！"俗话说：虎落平阳遭犬欺。曾经显赫一时的相国夫人如今是客居异地，无权无势，强贼压头，怎不叫她好生悲伤！但究竟是见过世面的人，不一会儿，她已勉力镇定下来，忙叫红娘找来寺中住持相商。普救寺中无人习武，几个护寺僧人顶多只能赶走几个无赖泼皮，如今孙飞虎是颇有阵容，住持也对他无可奈何。最后，还是崔夫人自己拿定了主意，派了一个可靠的家人随孙飞虎军师去见孙飞虎，传话说："小姐新承父丧，尚未服满孝期，不便议婚，请'将军'改期再来迎娶。"孙飞虎一听甚嫌啰唆，而一旁的军师提醒："此说甚有道理，将军不妨等些时日，反正来日方长，宜从长计议。"孙飞虎念这次要抢的姑娘不但才貌双全，又很有身份，并不想象以往一样糟踏之后就抛弃，而是打算长期留在身边侍奉自己，所以也就不便一开始就把事情弄得太僵。于是让崔家家人带话回去："留些时间给小姐尽孝道，半月之后再来迎娶。"孙飞虎等又怕其中有诈，答应放宽时限后并不撤兵，而是在普救寺四周驻扎下来，准备就地等上半月。

寺院内，急坏了崔氏一家。柔弱的莺莺小姐从未见过这等阵势，这关头，除了对着母亲悲哭不止外，再也没有其他办法。这时，一切担子都压在崔夫人肩上，她极力地冷静下来，冥思苦想，知道靠自家的力量无论如何是解不了围的，最后只好命家人召来寺中所有的僧人和住客，对众人说："如果有谁能设法解救我家危急，事成之后必以重金相酬，若是年貌相当者，以小女莺莺下嫁为妻！"当时，她许下如此重诺，完全是出于无奈，情急所迫。

真是"言者无心，听者有意。"崔夫人许以嫁女，并非诚心，而站在众人之列的张君瑞，此时正苦于有情无缘，听到此说，无异于给了他一剂兴奋药，心中又萌生了希望之火。正好与张君瑞有莫逆之交的白马将军此时驻守在附近不远的地方，手下有数千精兵，对付蟊贼孙飞虎可以说是不费吹灰之力。于是，张生当即写下一封告急书，差崔家一位能干的家人连夜送出，很快就搬来了白马将军，不待大动干戈，就赶走了孙飞虎的乌合之众，并擒杀了孙飞虎。解围之后，相国夫人设宴酬谢了白马将军及众将士，当然也没忘了把张君瑞让到上座。

酒宴上人多声杂，自然无法提起事前的许诺。待白马将军带兵返回驻地后，张生仍留在崔家客厅中品茶，似乎在等待着什么，迟迟不提告辞之言。崔夫人当然不好冷落他，只是左一言、右一语，不断地表示感激之辞，却并不提及许婚之事。

张生心中暗急，又不便先开口，时间就在漫不经心的寒暄中溜走。待感激的话说过数遍之后，崔夫人没话找话问起张生的家世故里，这一问竟问出瓜葛来，原来张生的母亲郑氏是睦州刺史郑济之女，而眼前这位相国夫人是她的亲妹妹、张生的嫡亲姨母，不用说崔莺莺也就是他的小表妹了。为何姨表之亲竟互相不认识了呢？原来相国夫人嫁给崔鹏后，崔鹏官职不断迁升，最后到京城做了相国，而张生的母亲嫁给他父亲后，家道却不断下落，最初还在地方为官，后因政事牵连，竟闲赋为民。姐妹两家家境相差愈来愈远，姐姐不愿高攀，妹妹也怕自家夫君官场上受连累，再加上战乱频频，两家已是多年失去联系，张生与莺莺姨表兄妹也从未谋过面。

崔夫人见是亲外甥相见，就命红娘叫来被她安置在楼上的莺莺，让她见过表兄。一会儿，莺莺轻轻下楼来，只见她淡扫蛾眉，眼中含喜含羞，纤腰微摆，好比新荷临风，她端庄娴雅地过来以礼见过表兄，秋波盈盈似语，却始终没说一句话。

张君瑞正暗自欣喜可以亲上加亲之际，崔夫人却悄悄拿定了悔婚的主意，一是考虑到张生家境贫寒；二是张生自己又无功名，若将女儿嫁了他，自己母女二人后半生就没有权势可依靠了。因此她只是细述亲戚之情，绝口不谈婚事。张生渐渐感到失望，察觉到姨母有反悔之意，而他自己又碍着情面，不敢斗胆提出，叙谈到深夜后，只好悻悻地离去。

回到自己房中，他愈发无法释怀，莺莺的影子不断萦绕在他心间，令他食寝不宁，行止无心，终于忧思成疾，病倒在床上。

张生得病的消息传到了崔家，颇有灵性的莺莺似乎猜中了他的病因何起，于是派红娘前去探视。红娘穿花拂柳来到张生房中，并不说安慰之语，只是笑容可掬地递给张生一方诗笺，只见上面写着：

　　　待月西厢下，迎风户半开；
　　　拂墙花影动，疑似玉人来。

这幅诗笺不啻就是一帖仙丹妙药，正中张生的病根，看过诗后，他的病仿佛一下子全消失了，从床上一跃而起，感激地对红娘道："请回复小姐，今夜定践约而来。"红娘走后，张生喜滋滋地盥洗打扮，然后坐在书桌前，等待着夕阳西坠、明月东升，心中就像有一面鼓一样呼呼敲响，恨不得还高挂在头顶的太阳转眼就落到山后去。

这时正是二月中旬，入夜后春寒料峭，月明星稀。张生沿着墙角的一株杏花树攀上墙头，然后一跃落到隔壁院中。这个文弱书生此时身手竟是如此灵巧。借着月色，他小心翼翼地找到了莺莺的闺房，也不叩门，轻轻推开虚掩着的门就迈了进去。莺莺小姐正端坐在梳妆台前，听到响动，转过脸来，见张生头粘杏花，衣染尘迹，一副狼狈不堪的姿态，脸上却挂着兴奋与欣喜的表情。这一看，原本是让莺莺又怜又爱又喜，却不料她脑海中一大套闺训礼教在这时突然冒了出来，因这些内容在平时被灌输得太多，在这春情涌动的时刻它们居然也占了上风，这种月夜逾墙偷情的行为当然是闺训中绝不允许的。她竟也忘了张生的赴约全因自己的一首情诗，居然对张生大加训诫，端一副威严不可凌犯的神态。这一下儿，真叫张生丈二和尚摸不着头脑，一下子把他满腔的热情冻成了惊愕，让他羞愧难堪，狼狈地转身越墙而回。从此，张生感到柔肠寸断，五内俱焚，几乎绝了求生的念头，病倒在床头，医药均无效果。

这边事情的梗概被红娘知道了，善良的她深为张生抱不平，于是反复劝说小姐，让她为张生着想。莺莺这时也深感自己的鲁莽，竟然枉屈有情人，心中内疚不已，于是再次让红娘送诗笺到张生的病榻前，这次的诗是：

勿以闲相思，摧残天赋才；
岂是因妾行，却变作君灾。
报德难从礼，裁诗可当媒；

高唐休咏赋，今夜云雨来！

　　这首诗既道出了歉意，又表明了情怀，并再下盛邀，充满诱惑力。张生奄奄一息的病情，竟然又因诗笺一扫而光，爱情的力量真是不可言喻。

　　夜阑人静，下弦月高挂天空，满园繁花飘送着阵阵幽香，张生在房中干等万盼，望着院门缓缓地开启，红娘搀扶着千娇百媚、羞态怯怯的莺莺悄悄进来。红娘扶莺莺坐下后，很快地退回去，并顺手带上了房门和院门。房中只剩下张生和莺莺，四目对望，彼此都感觉到对方的身体中热情在激荡，那万种风情，都从对视的目光中分明地传达出来。彼此曾在梦中相拥过千百回的人儿，此时近在咫尺，一时间，两人竟然都不知如何是好。这究竟是梦、还是真？张生脑中有些恍惚，他还是先站起来，有些摇晃地靠近莺莺，莺莺也不由自主地立起身来，一对有情人终于紧紧相拥在一起，融成了一体。

　　斜月晶莹，撒落半床幽辉，照着两个妙龄男女飘飘然同赴巫山之梦，千般恩爱，万般风情，自不必说。有一首"会真诗"就生动地描述了这一夜男欢女爱的神韵：

　　　　戏调初微拒，柔情已暗通；
　　　　低鬟蝉影动，回步玉尘蒙。
　　　　转面流花雪，登床抱绮丛；
　　　　鸳鸯交颈舞，翡翠合欢笼。
　　　　眉黛羞频聚，朱唇暖更融；

　　气清兰蕊馥，肤润玉肌丰。

　　无力慵移腕，多娇爱敛躬；

　　汗光珠点点，发乱绿松松。

　　说不尽的旖旎风光，道不完的柔情蜜意，转瞬之间，寺钟鸣晨。红娘在走廊上轻轻扣响窗棂，促催莺莺小姐离去。天大亮了，张君瑞仍怀疑置身梦中，然而枕上尚留有胭脂的痕迹，室中犹留有兰麝的香味，昨夜的一切都是千真万确的！

　　西厢春暖，两情欢洽。从此之后，崔莺莺在红娘的掩护下，常常"朝隐而出，暮隐而入"，与张生卿卿我我，共度良宵，俨然就是一对新婚燕尔的恩爱夫妻。而这一切都巧妙地瞒着崔夫人。

　　这样的情况整整持续了半年，又到了秋闱大考的日子。对张生而言，十年寒窗苦读，为的就是一朝金榜题名。眼前虽与莺莺两情缱绻，难舍难分，但想到要想与莺莺终身相伴，就只有博取功名，才能得到姨母的应允，娶莺莺为妻。因此，不得不硬下心肠，从温柔乡中挣脱出来，远赴京城应试。通情达礼的莺莺虽然舍不得张生离去，但为前途着想，也只有含泪点头赞同。

　　临行前夕，两人再度相会在西厢张生屋中，其愁其苦，无法言表。满怀柔情的莺莺殷勤地叮嘱张生："一路风尘，务必多加小心，好好保重自己，考完即归。"张生却只是泪眼朦胧地望定莺莺，似乎要把她看化，看进自己的心里。莺莺在等待着，等着他一番山盟海誓，好让自己安心地等着他归来。但为何张生始终默默不语，好几次仿佛欲言却又止？是不是他对自己只是逢场做戏，一番云雨偷欢之后，便将一走了之呢？莺莺心中渐渐生出不安。终于，她略带凄声地对张生吐出了自己的心声："始乱之，终弃之，这是天下无数才子的行径。君若如此，妾不敢恨，只是终身为海！"张生听了这番倾诉，只是噙着泪拼命地摇头，却说不出一句话来。最后一夜的相会，就在这样的凄凄清清的气氛中挨了过去。这时莺莺的心情正像是"古诀词"中所言：

春风撩乱百花语，

况是此时抛去时；

握手苦相问，竟不言后期。

君情既诀绝，妾意亦参差；

莫如生死别，安得长苦悲。

多情公子张君瑞为何在这别离之际没有任何承诺及期许呢？深究其心，他并非一个始乱终弃、逢场作戏的花花公子。他也有他的苦处：他觉得自己身无功名，家道又中落，这种情况根本无法给莺莺一个稳定可靠的家。这一去长安，若是谋得一官半职，还勉强匹配莺莺这位相国千金，若是名落孙山，他简直无脸再见莺莺和崔夫人。也正是因为这些自悲自怨的心理在作祟，使他在与心上人别离时，竟不敢留下任何承诺。对情意相投的恋人，他还抱着这种心态，全因那些陈腐的门第等级观念在作怪，真是可悲可怜！而崔莺莺偏又不这么考虑，在她眼中，张生是一个才貌双全的翩翩佳公子。此处一别，将投身于繁华多姿的长安行乐之地，随时都可能物色到比自己更美丽的名媛闺秀，待功成名就后，便把自己忘到九霄云外。这样想来，怎不令她心如火焚，仿佛这一别就再无旧梦重温之时。

张君瑞终于辞别了莺莺，来到了长安。也许因为沉溺于情意场中，荒废了功课，这次科举考试并不得意。失望之余，又想起了普救寺里的恋情，于是提笔给莺莺写下一封书信，备述了自己的相思之苦，希望借莺莺的柔情，获得一些安慰和补偿。信虽托人捎去，他自己却因碍于脸面，仍滞留京城，没有亲去看望莺莺。

这边莺莺得到张生的书信，却不见他的踪影。虽然信中情意绵绵，但转念想到，他既已考完，又为何不快快回到自己身边，这些令莺莺心生疑窦。莺莺是一个重情又极富理智的姑娘，她觉得：既然张生已不把自己放在心中，就应该果断诀别，当断不断，反受其乱。要是再这样没头没脑地拖下去，到头来受害的还是自己。于是她痛下决心，慧剑斩情丝，决定抛却这一段毫无结果的爱情游戏。当即写下回信一封，信中追忆了往日那段美好的时光，细数了分别之后的思念之情；最后却提出，情缘已逝，不必强求，并留给张兰美好的祝福。

收到回信后，张生急忙展开细读，开头那些缠绵的情话给了他莫大的慰藉，就像干枯的心田里注入了清冽的甘泉；然而，读到后面那些诀别的话语，他还以为是看错了，审视再三，又是千真万确，这些话对他来说又无异于五雷轰顶，刚刚有些温暖的心顷刻被炸成了碎片。他前思后想，很不明白莺莺为何心生二意。难道是姨母所通？还是得知自己科场失败后，对自己失去了信心？思量再三，他终于认定了后者，因为这时他自己已自卑到了极点，又怎么会不认为别人也是这样看自己呢？真是世事难料，人心难测啊！一个对自己倾心相许的人，竟然转眼之间又抛弃了自己，人间何处还有真情啊！遭受这等情感变故，简直比科考落榜更重地给张君瑞的心以残酷的打击。从此，他一蹶不振，长时间地沉浸在悲伤绝望之中。一双情投意合的恋人，就这样因为彼此的误会，活生生地自己拆散了自己。

再说普救寺中的莺莺，虽然果决地给张生写了绝情信，但心中的情丝又哪能斩断。信送走后，她悲心更切，既怨张生的无情，又恨自己的无缘，日日想着张生不知今在何处，有何举措，令她柔肠寸断。岁月缓缓流失，莺莺随母亲回到了家中，她已完全断绝了对张生的一线希翼，同时，她觉得自己的感情之泉也随之而枯竭了。后来，由母亲做主，莺莺嫁给了她的姑表兄，当时礼部尚书的儿子郑恒。虽然生活中享尽了荣华，但她的心却再也无法滋润生情，日子过得阴阴郁郁，并不快活，这从她的一首七言绝句中，便可一览无余：

自从消瘦减容光，万转千回懒下床；

不为旁人羞不起，为郎憔悴却羞郎。

张生听说莺莺已出嫁的消息，不由自主地赶回了家乡，想以表兄的身份再见上一面。但莺莺觉得相见无益，只能徒增伤感，便写下这首诗托人交给张生。

两人无缘再会，情却不断，似乎都把心留在了花影扶疏的西厢院中，两人各自生活在自己的天地中，心却交给了梦中的情人。

王宝钏苦守寒窑十八载

西安城南小雁塔附近有个武家坡，上有一孔破旧的窑洞，洞沿上题有"古寒窑"三个字，相传当年王宝钏苦守寒窑十八载，等待丈夫薛平贵归来的故事，就是发生在此。窑前还建有一座祠庙，庙内供奉着王宝钏与薛平贵的塑像，祠柱上题着一副对联：

> 十八年古井无波，为从来烈妇贞媛，别开生面；
> 千余岁寒窑向日，看此处曲江流水，想见冰心。

王宝钏本是唐懿宗时期朝中宰相王允的女儿。王允没有儿子，只有三位如花似玉的千金承欢膝下：长女名宝金，许配兵部侍郎苏龙为妻；次女宝银，也已嫁给了九门提督魏虎；三女儿便是宝钏，三姐妹中她才貌最为出众，既然两个姐姐都婚配得门当户对，父母当然也想为待字闺中的小女儿找一位乘龙快婿。

三小姐宝钏似乎比父母更挑剔，许多前来提亲的豪门贵族公子都被她坚定地回绝了，别人都以为是相府千金心高气傲。实际上宝钏心中自有一套择夫标准，她一不慕权贵，二不贪虚名，一心只求嫁个有才有德的如意郎。无奈那些豪门之后，不是花花公子，就是酒囊饭袋，怎么能让她看上眼呢？

当时长安城南一带，山环水绕，风光秀丽，每到春暖草绿，柳暗花明的时候，京城长安里的皇族显贵、文人雅士、贫民百姓，都喜欢到这里赏花游春。这年春天，王宝钏也带着几个丫环来南郊踏青，不料遇上一伙不明来历的风流公子追随纠缠，讨厌却又摆脱不了。这时，旁边一位衣着陈旧的年轻书生看不过去，果敢上前拦阻这伙人的无礼之行。这伙锦衣公子根本不把这书生放在眼里，七手八脚地推搡着他，还骂道："哪来的野小子，在这里管起爷们儿来了！"书生毫不畏惧，回敬道："路见不平有人铲。光天化日之下调戏良家妇女，岂有此礼？"锦衣公子们当然来气，心想你这小子怕是吃了豹子胆，于是一拥而上，对那书生拳脚相加。

王宝钏在一旁为这位仗义书生正担心，不想那书生只略摆架式，轻轻一格，便把那伙中看不中用的锦衣公子撞得七倒八歪，心知不是书生的对手，相扶着骂骂咧咧走开了。

宝钏暗自佩服着书生的功夫和胆略，见那群风流公子走开，连忙上前施礼感谢。书生略有些腼腆，连声说："理当如此，小姐不必多礼！"

书生愈是客气，王宝钏就愈是欣赏他，口中称谢不已，一来二往，两人便熟络起来。这书生只道自己叫薛平贵，父母双亡，家道中落，只剩下自己一人，至于详细家世却不肯相告。在王宝钏看来，这书生不只是武功高强，而且知书达礼，颇具文采，虽然衣着寒酸，却掩不住气宇轩昂，不由心生爱慕。于是两人结伴游赏，一路鸟语花香，春气袭人，一种温馨的感觉回荡在两人中间。薛平贵知道了眼前的小姐乃是相国千金，不但容貌姣美，言谈举止又那么娴雅而不矫揉、端庄而不傲慢，确实让他着迷，但又自愧太不般配。

不知不觉，两人一同度过了一个下午，言语十分投缘，彼此从对方的眼神中都能读出几分爱慕，因为丫鬟相随，也不便更深地说些什么，日暮分手时，两人眼光中充满眷恋与不舍。

回到家中，王宝钏不敢向父母禀明春游遇良人的事，她知道父母不会答应把她许配给一个毫无功名的落魄书生，只好暗饮相思，惆怅度日。不久，老父又催促三女儿赶快订下婚事，以免成了老姑娘。王宝钏灵机一动，提出了以抛掷绣球来决定终身大事的办法。宝钏想，自己抛球征婚的消息一传出，有情郎薛平贵一定会赶来参加，到时绣球落哪方就全凭自己决定了。而王父眼看着执拗任性的三女儿年龄渐大，婚事却总是订不下来，心中甚为着急，既然她自己提出抛绣球的，此法古已有例，再说公子王孙争相簇拥在自家门前也是件风光的事，于是就应允了。只是暗中决定，到那天院门要把紧，只放些有身份的公子进来，这抛球的规矩可是"中鸡嫁鸡，中狗嫁狗"的，可不能让那些贫贱小子捡了便宜。

于是王家院里搭起了高高的彩楼，订了个黄道吉日由三小姐抛掷绣球择婿。王宰相遍邀了京城的贵胄子弟前来参加。消息传出后，远远近近有身份的名家公子都争相赶到王家，因为大家早就风闻了王家三小姐的才貌，又贵为相国千金，绣球若能有幸打中自己的头，那岂不是喜从天降？所以谁都想来碰碰运气。

王家的院门果然把持甚严，不是有头有脸的人决不许进。那么无钱无位的薛平贵岂不是进不来了？不用着急，聪明的宝钏早有安排，她早已让上次同去春游、见过薛公子面的贴身丫环到院外悄悄寻找薛平贵，让她带薛平贵从侧门进院。

吉时已到，一阵锣鼓炮仗响过之后，彩楼上的垂帘轻轻撩起，一群侍女簇拥着一个如花似玉、衣着艳丽的小姐露出面来，小姐手上托着一个五彩绣球。楼下院中披红戴紫的公子哥儿们轰动起来，都伸长了脖子，期待着天赐良缘降落到自己头上。上面王宝钏粉面含笑，似乎胸有成竹，玉腕翻处，绣球已翩翩落下，不偏不倚，正打在院中一角的布衣公子薛平贵头上，正如后来戏曲里所唱的"王孙公子千千万，彩球单打薛平郎"。

王允仔细一看，绣球抛中的女婿竟是一个衣着寒酸的落拓少年，当即心中生怒，立下了悔婚的决心。回到屋里后，王允对刚下彩楼的宝钏坚决地说："为父不同意这桩婚事！此事择日再议。"原本心中喜滋滋的宝钏，一听父亲的话，猛地吃了一惊，很快她就明白了父亲一定是见了薛平贵的贫贱，而不惜违约悔婚的。此时宝钏心中主意已定，她决意不再凭父亲任意摆弄自己的终身大事，就接口据理力争道："既是抛球定婚事，那便中鸡嫁鸡，中狗嫁狗'父亲怎能置信义而不顾，出尔反尔呢？"

父女俩一番唇枪舌战，谁也说服不了谁，最后王宝钏执意嫁给了心上情郎薛平贵，王允一怒之下与她断绝了父女关系。成了薛平贵的妻子，就要跟着薛平贵走，这时薛平贵了无栖身之所，平时就在亲戚朋友家，东一日，西一宿地借住，如今添了妻子，总得有个自己的窝，于是两人搬进了武家坡上的一处旧窑洞。在寒窑中，夫妻俩男樵女织，过着清苦的日子，幸而夫妻间互敬互爱，相依为命，苦日子也过得颇有滋味。虽然王宝钏的父亲与她断绝了关系，而相距不远的老母却无法割舍这个惹人怜爱的小女儿，不时派人来探望他们，送些钱物，使他们的生活得以维持下来。

咸通九年，桂州边区戍卒发生了叛乱，聚众为匪，攻占了边防重镇，并向北逼进。朝廷派康承训率军讨伐，为了增强兵力，还令沙陀部队随军助战。

　　沙陀原本是大唐西北边区的一支游牧部落，因与吐蕃交战失败，酋长就率残部归附唐朝，唐廷把他们安置在定襄一带。接到调遣令，沙陀部队先赶往长安待命，随时准备奔赴桂州。文武兼备的薛平贵看准了机会，认定自己建功立业的时候已到，于是在大军云集长安之时，薛平贵参加了沙陀的部队。

　　王宝钏是多么不愿意自己的丈夫离开，但薛郎是有才有识的伟男儿，总不能与自己终身相守寒窑，她擦掉泪水，为薛郎收拾行装，挥手送他出征。

　　在沙陀部队中，薛平贵凭着自己出色的武艺和才学，渐渐受到酋长朱邪赤心的重视，当部队转战湘江、淮泗一带时，薛平贵成为了沙陀部队与唐军之间的联络人物。终于剿平了叛乱，唐军班师回朝，沙陀部队因在战争中居功最大，唐廷赐朱邪赤心姓李名国昌并授为大同节度使。薛平贵没有来得及回长安探望久别的妻子，就随军驻进了大同。

　　为了今后的幸福。薛平贵在大同努力争取立功晋升的机会，无奈战争平息，这种机会是很难遇上的。一次，薛平贵随朱邪赤心一家到郊外狩猎，行到山崖时，朱邪赤心的女儿春花公主的坐骑突然受惊失控，扬蹄飞奔，眼看就要坠下悬崖。紧随其后的薛平贵，飞奔向前，伸臂竭力拦住了公主的马匹。两匹马行到山坡上，薛平贵下马扶起受惊的春花公主，正值情窦初开的小公主，见救她的人是一位年轻英俊的汉族勇士，不由得心旌摇荡，憧憬如泉，就势倒在——薛平贵怀里。

　　从那天起，春花公主就如痴如醉地爱上了薛平贵，沙陀少女不像汉族姑娘那般腼腆羞涩，春花公主又依仗着自己的美丽和地位，向薛平贵频频发动进攻，像一团火焰一样猛烤着薛平贵。薛平贵心里一直挂牵着长安寒窑中苦等自己的妻子王宝钏，他不愿意背叛她诚挚的爱心；可是自己在沙陀部队里一直默默无闻，若不抓住春花公主这个台阶，以后怕是很难再有高升的机会，何况若是惹恼公主，自己还不知道能不能在这里呆下去。权衡再三，薛平贵成了沙陀酋长的"驸马爷"，他在沙陀军中的地位自然也就急骤地升高了。当然，他不会忘记结发之妻，曾多次趁唐廷专使前来大同慰劳之际，悄悄托使者为王宝钏带去书信金帛，接济伊人的生活，当然他没告诉她自己在这里已另配佳偶。而寒窑中的王宝钏始终矢志不移，纺纱度日，一心一意筹待着良人衣锦荣归。

一年又一年地过去了，总也不见薛平贵归家的身影，后来竟还断了音信。是薛郎变心了吗？不是，是政局在这时发生了急剧的动荡。

沙陀酋长朱邪赤心的嗣子李克用屯兵蔚州，对朝庭颇为不满，因而野心勃勃地四处扩充势力、地盘，唐廷忍无可忍，出兵讨伐沙陀军，朱邪赤心与李克用父子率众逃入阴山一带的达靻人地区，薛平贵自然也追随他们到了阴山。阴山与长安两地遥遥，不通音讯，薛平贵心想不知何时才能与宝钏团聚。

就在这时，黄巢在山东冤句聚众起义，大军浩浩荡荡，由江西、浙江、福建至广州，再经桂州至潭州，占领了两湖广大的地盘。唐僖宗乾符年间，因治国无道，天下扰攘不安，到了广明年间，黄巢趁机率军攻陷了东都洛阳，紧接着又突入潼关，直逼京师。长安情势紧迫，大唐军队力不足用，朝廷只好派特使到阴山赦免李克用之罪，并赐以官爵，请他率军入京援战。

于是，李克用于中和二年率沙陀兵一万七千人南来，会合诸路勤王援军，攻克了已被黄巢占领的长安，保住了大唐江山。

薛平贵随军来到长安，固沙陀军战功辉煌，李克用成了唐室功臣，薛平贵也水涨船高，被朝廷委以重职。功成名就的薛平贵只身步行来到武家坡的寒窑中，终于与分别达十八年之久的妻子王宝钏见面了。那情那景，已是用文字难以描述，总之，夫妻相见，直从正午呜咽流泪到黄昏。

王宝钏终于走出了寒窑，被接入薛平贵府中。这时薛平贵已有了王宝钏与朱邪春花两位妻子，两个人不分大小，平起平座，相处得甚为和睦、经过了十八年的苦盼，王宝钏终于有了一个美满的家庭。而王宝钏苦守寒窑十八载的故事也被人们传为美谈，并搬上了戏曲舞台。

唐婉与陆游的沈园情梦

南宋山阴（今浙江绍兴）沈园的粉壁上曾题着两阕《钗头凤》：

其一：

红酥手，黄藤酒，满城春色宫墙柳；东风恶，欢情薄，一怀愁绪，几年离索，错、错、错。

春如旧，人空瘦，泪痕红邑鲛绡透；桃花落，闲池阁，山盟虽在，锦书难托，莫、莫、莫。

其二：

世情薄，人情恶，雨送黄昏花易落；晚风干，泪痕残，欲传心事，独倚斜栏，难、难、难。

人成各，今非昨，病魂常似秋千索；角声寒，夜阑珊，怕人询问，咽泪装欢，瞒、瞒、瞒。

这两阕词出自不同的人之手，却浸润着同样的情怨和无奈，因为它们共同诉说着一个凄婉的爱情故事——唐婉与陆游沈园情梦。

陆游是南宋时期著名的爱国诗人。他出生于越州山阳一个殷实的书香之家，幼年时期，正值金人南侵，常随家人四处逃难。这时，他母舅唐诚一家与陆家交往甚多。唐诚有一女儿，名唤唐婉，字蕙仙，自幼文静灵秀，不善言语却善解人意。与年龄相仿的陆游情意十分相投，两人青梅竹马，耳鬓厮磨，虽在兵荒马乱之中，两个不谙世事的少年仍然相伴度过一段纯洁无暇的美好时光。随着年龄的增长，一种萦绕心肠的情愫在两人心中渐渐滋生了。

青春年华的陆游与唐婉都擅长诗词，他们常借诗词倾诉衷肠，花前月下，二人吟诗作对，互相唱和，丽影成双，宛如一双翩跹于花丛中的彩蝶，眉目中洋溢着幸福和谐。两家父母和众亲朋好友，也都认为他们是天造地设的一对，于是陆家就以一只精美无比的家传凤钗作信物，订下了唐家这门亲上加亲的婚事。成年后，一夜洞房花烛，唐婉便成了陆家的媳妇。从此，陆游、唐婉更是鱼水欢谐、情爱弥深，沉醉于两个人的天地中，不知今夕何夕，把什么科举课业、功名利禄，甚至家人至亲都暂时抛置于九霄云外。陆游此时已经荫补登仕郎，但这只是进仕为官的第一步，紧接着还要赴临安参加"锁厅试"以及礼部会试。新婚燕尔的陆游留连于温柔乡里，根本无暇顾及应试功课。陆游的母亲唐氏是一位威严而专横的女性。她一心盼望儿子陆游金榜题名，登科进官，以便光耀门庭。目睹眼下的状况，她大为不满，几次以姑姑的身份、更以婆婆的立场对唐婉大加训斥，责令她以丈夫的科举前途为重，淡薄儿女之情。但陆、唐二人情意缠绵，无以复顾，情况始终未见显著的改善。陆母因之对儿媳大起反感，认为唐婉实在是唐家的扫帚星，将把儿子的前程耽误殆尽。于是她来到郊外无量庵，请庵中尼姑妙因为儿、媳卜算命运。妙因一番掐算后，煞有介事地说："唐婉与陆游八字不合，先是予以误导，终必性命难保。"陆母闻言，吓得魂飞魄散，急匆匆赶回家，叫来陆游，强令他道："速修一纸休书，将唐婉休弃，否则老身与之同尽。"这一句，无疑晴天忽起惊雷，震得陆游不知所以。待陆母将唐婉的种种不是历数一遍，陆游心中悲如刀绞，素来孝顺的他，面对态度坚决的母亲，除了暗自饮泣，别无他法。

迫于母命难违，陆游只得答应把唐婉送归娘家。这种情形在今天看来似乎不合常理，两个人的感情岂容他人干涉。但在崇尚孝道的中国古代社会，母命就是圣旨，为人子的不得不从。就这样，一双情意深切的鸳鸯，行将被无由的孝道、世俗功名和虚玄的命运八字活活拆散。陆游与唐婉难舍难分，不忍就此一去，相聚无缘，于是悄悄另筑别院安置唐婉，陆游一有机会就前去与唐婉鸳梦重续、燕好如初。无奈纸总包不住火，精明的陆母很快就察觉了此事。严令二人断绝来往，并为陆游另娶一位温顺本分的王氏女为妻，彻底切断了陆、唐之间的悠悠情丝。

无奈之下，陆游只得收拾起满腔的幽怨，在母亲的督教下，重理科举课业，埋头苦读了三年，在二十七岁那年只身离开了故乡山阴，前往临安参加"锁厅试"。在临安，陆游以他扎实的经学功底和才气横溢的文思博得了考官陆阜的赏识，被荐为魁首。同科应试获取第二名的恰好是当朝宰相秦桧的孙子秦埙。秦桧深感脸上无光，于是在第二年春天的礼部会试时，硬是借故将陆游的试卷剔除。使得陆游的仕途在一开始就遭受了风雨。

礼部会试失利，陆游回到家乡，家乡风景依旧，人面已新。睹物思人，心中倍感凄凉。为了排遣愁绪，陆游时时独自徜徉在青山绿水之中，或者闲坐野寺探幽访古；或者出入酒肆把酒吟诗；或者浪迹街市狂歌高哭。就这样过着悠游放荡的生活。在一个繁花竞妍的春日晌午，陆游随意漫步到禹迹寺的沈园。沈园是一个布局典雅的园林花园，园内花木扶疏，石山耸翠，曲径通幽，是当地人游春赏花的一个好去处。在园林深处的幽径上迎面款步走来一位锦衣女子，低首信步的陆游猛一抬头，竟是阔别数年的前妻唐婉。在那一刹间，时光与目光都凝固了，两人的目光胶着在一起，都感觉到恍惚迷茫，不知是梦是真，眼帘中饱含的不知是情、是怨、是思、是怜。此时的唐婉，已由家人作主嫁给了同郡士人赵士程，赵家系皇家后裔、门庭显赫，赵士程是个宽厚重情的读书人，他对曾经遭受情感挫折的唐婉，表现出诚挚的同情与谅解，使唐婉饱受到创伤的心灵已渐渐平复，并且开始萌生新的感情苗芽。这时与陆游的不期而遇，无疑将唐婉已经封闭的心灵重新打开，里面积蓄已久的旧日柔情、千般委屈一下子奔泄出来，柔弱的唐婉对这种感觉几乎无力承受。而陆游，几年来虽然借苦读和诗酒强抑着对唐婉的思念，但在这一刻，那埋在内心深处的旧日情思不由得汹涌而出。四目相对，千般心事、万般情怀，却不知从何说起。这次唐婉是与夫君赵士程相偕游赏沈园的，那边赵士程正等她进食。在好一阵儿恍惚之后，已为他人之妻的唐婉终于提起沉重的脚步，留下深深的一瞥之后走远了，只留下了陆游在花丛中怔怔发呆。

和风袭来，吹醒了沉在旧梦中的陆游，他不由地循着唐婉的身影追寻而去，来到池塘边柳丛下，遥见唐婉与赵士程正在池中水榭上进食。隐隐看见唐婉低首蹙眉，有心无心地伸出玉手红袖，与赵士程浅斟慢饮。这一似曾相识的场景，看得陆游的心都碎了。昨日情梦，今日痴怨尽绕心头，感慨万端，于是提笔在粉壁上题了一阕"钗头凤"，这就是开头所提到的第一首词。

随后，秦桧病死。朝中重新召用陆游，陆游奉命出任宁德县立簿，远远离开了故乡山阴。第二年春天，抱着一种莫名的憧憬，唐婉再一次来到沈园，徘徊在曲径回廊之间，忽然瞥见陆游的题词。反复吟诵，想起往日二人诗词唱和的情景，不由得泪流满面，心潮起伏，不知不觉中和了一阕词，题在陆游的词后，这就是开头提到的第二首"钗头凤"。

唐婉是一个极重情义的女子，与陆游的爱情本是十分完美的结合，却毁于世俗的风雨中。赵士程虽然重新给了她感情的抚慰，但毕竟曾经沧海难为水。与陆游那份刻骨铭心的情缘始终留在她情感世界的最深处。自从看到了陆游的题词，她的心就再难以平静。追忆似水的往昔、叹惜无奈的世事，感情的烈火煎熬着她，使她日臻憔悴，悒郁成疾，在秋意萧瑟的时节化作一片落叶悄悄随风逝去。只留下一阕多情的《钗头凤》，令后人为之唏嘘。

此时的陆游，仕途正春风得意。他的文才颇受新登基的宋孝宗的称赏，被赐进士出身。以后仕途通畅，一直做到宝华阁待制。这期间，他除了尽心为政外，也写下了大量反映忧国忧民思想的诗词。到七十五岁时，他上书告老，蒙赐金紫绶还乡了。陆游浪迹天涯数

十年，企图借此忘却他与唐婉的凄婉往事，然而离家越远，唐婉的
影子就越萦绕在他的心头。此番倦游归来，唐婉早已香消玉殒，自
己也已至垂暮之年，然而对旧事、对沈园依然怀着深切的眷恋。常
常在沈园幽径上踽踽独行，追忆着深印在脑海中那惊鸿一瞥的一幕，
这时他写下了"沈园怀旧"诗：

其一：
梦断香消四十年，沈园柳老不飞绵；
此身行作稽山土，犹吊遗踪一怅然。

其二：
城上斜阳画角哀，沈园无复旧池台；
伤心桥下春波绿，疑是惊鸿照影来。

沈园是陆游怀旧的场所，也是他伤心的地方。他想着沈园，但
又怕到沈园。春天再来，撩人的桃红柳绿，恼人的鸟语花香，风烛
残年的陆游虽然不能再亲至沈园寻觅往日的踪影，然而那次与唐婉
的际遇，伊人那哀怨的眼神、羞怯的情态、无可奈何的步履、欲言
又止的模样，使陆游牢记不忘，于是又赋"梦游沈园"诗：

其一：
路近城南已怕行，沈家园里更伤情；
香穿客袖梅花在，绿蘸寺桥春水生。

其二：

城南小陌又逢春，只见梅花不见人；

玉骨久沉泉下土，墨痕犹锁壁间尘。

此后沈园数度易主，人事风景全部改变了昔日风貌，已是"粉壁醉颗尘漠漠"，唯有"断云幽梦事茫茫"。陆游八十五岁那年春日的一天，忽然感觉到身心爽适、轻快无比。原准备上山采药，因为体力不允许就折往沈园，此时沈园又经过了一番整理，景物大致恢复旧观，陆游满怀深情地写下了最后一首沈园情诗：

沈家园里花如锦，半是当年识放翁；

也信美人终作土，不堪幽梦太匆匆。

此后不久，陆游就溘然长逝了。

时过境迁，沈园景色已异，粉壁上的诗词也了无痕迹。但这些记载着唐婉与陆游爱情绝唱的诗词，却在后世爱情的人们中间长久流传不衰。它提醒着人们：好好珍惜你拥有的那份感情，不要轻易道别离，酿成无奈终身悔。

管仲姬的才情与痛苦

元世祖忽必烈统一天下后，向慕大汉文化，对汉族知识分子推行怀柔政策。下令搜访遗逸，一批汉族读书人经不住功名利禄的诱

　　惑，把仁义道德、忠君爱国的一套放下，投入到蒙古人的怀抱中。其中最有名的一位就是赵孟頫。

　　赵孟頫，字子昂，号松雪，别号鸥波、水晶宫道人等。他是宋太祖赵匡胤的十一世孙，八贤王赵德芳的后代。南宋未亡时，年十四就以父荫补真州（江苏仪征）司户参军。其书法世称"赵体"，当时就号为"神品"。其绘画造诣很高，很全面，提出作画要有"古意"，力倡书法入画，是画坛的领袖人物，其影响遍及于元四大家乃至明清一些大家。他还通晓音乐，精于鉴定，诗文也佳。

　　元世祖至元二十三年，也就是元代统一中国后的第七年，行台御史程钜带着赵孟頫来见元世祖。元世祖望着才气英迈，神采焕发，宛如神仙中人的赵孟頫大为高兴，先是封他到济南和汾州做知府，接着任江浙儒学提举。到元武宗时更任他为京师翰林侍读学士。元仁宗时，召为集贤殿侍讲学士，中奉大夫，不久再拜翰林学士承旨，封荣禄大夫，官至一品，"荣际五朝，名满四海"。

　　妻因夫贵，赵孟頫的夫人也被封为吴兴郡夫人。

　　赵孟頫的夫人管仲姬与赵孟頫的相识还有一段趣事。那天，饱吸湖州山水灵气的少女管仲姬到瞻佛寺进香，寺僧早已听说了她的才名，请她留下一幅墨宝。管仲姬微微地有些不好意思，推却不过寺僧的情意，便挥毫在佛寺的东壁上作了一幅巨大的《修竹图》，当地的少年公子纷纷前来观赏，使瞻佛寺足足地热闹了几个月。只可惜冷落了如来佛、观世音。连眼高过顶的赵孟頫也被吸引过来，但见画中的竹子密中见疏，荣枯稚老，各尽其妙。这一幅《修竹图》就缔结了两人的婚姻。

　　管仲姬随赵孟頫来到大都，京中达官贵人、富商游子，有求不到赵孟頫字画的，就以能获得管仲姬的字画为荣。那天管仲姬闲居在家，忽然接到元世祖的诏书，叫她写一篇《千字文》。《千字文》以隋朝智永书写的最好。《千字文》是由一千多个字编成四言文章，便于初学者诵读、识字，就像《三字经》一般。以梁武帝命周兴嗣所撰的流传最广。智永书写的《千字文》被苏轼称为"骨气深稳，体兼众妙，精能之至，反造疏淡"，已是书法中的上品。管仲姬接到元世祖叫她写《千字文》的诏书，大费周章。她每天只写一百字，精益求精，十天后完成。元世祖看到她那纤巧清丽的字迹，大加赞赏，说道："今后世都知道我朝有善于书法的女才子。"

赵孟頫夫妇以汉族人，尤其是宋皇室后代的身份得到皇帝的青睐，引起蒙古王公大臣的强烈不满，攻讦、打击排挤接踵而来。南宋灭亡后，一大批士大夫受忠臣不事二主思想的影响，尤其是感于文天祥、张世杰、陆秀夫等人的事迹，隐居不仕，甚且秘密反元。赵孟頫以宋皇室后代，大名士的身份到元朝做官，被士大夫瞧不起。尤其是他恬不知耻地拍元政权的马屁，大写"往事已非那可说，且将忠直报皇元。"更引起南宋政权的孽子孤臣、遗老遗少的愤慨，骂他毫无骨气。这些常常使管仲姬处在内疚和痛苦中。

那天，她被邀请去后宫给那些妃嫔讲学。皇后、妃嫔迫于她的才学，不得不向她求教，表示出恭敬的神情。但是她也隐隐地觉得，她作为一个汉族女子，无时不处在一种隐隐的鄙视之中。她坐在回来的轿子上，翻来覆去地想着人生的意义，天下各种各样的人都有，有人活着就是为了满足自己的欲望，但也有不同的。又一个黄昏，毛毛细雨下个不停，落在梧桐树上，那肥大的梧桐树叶被雨水浸得透湿，形成一滴一滴的雨水，滴落在阶前的石头上。孤独地呆在屋子里使管仲姬窒息得快要死了。她想到当年的生活是多么自在，她认为现在的生活是荒唐和愚蠢的，她铺开纸笔，一口气写了四首《渔父词》：

其一：

遥想山堂数树梅，凌寒玉蕊发南枝；

山月照，晚风吹，只为清香苦欲归。

其二：

南望吴兴路四千，几时闲去云水边？

名与利，付之天，笑把渔竿上画船。

其三：

身在燕山近帝居，归心日夜忆东吴；

斟美酒，脍新鱼，除却清闲总不如。

其四：

人生贵极是王侯，浮利浮名不自由；

争得似，一扁舟，弄风吟月归去休！

这四首《渔父词》里，充满了管仲姬对官场生活的厌倦，苦忆故乡的情怀。她把这四首《渔父词》慢慢地读给赵孟頫听，赵孟頫静静地听着，脸上也流露出一种对落拓不羁的生活的向往。他毕竟也是个艺术家、诗人一类的人物。但他终究默默地不发一言，默默地踱进房内，久久地看着他的官服，也想着他另一层不便言说的秘密。

那天，他上朝回家，因为心中烦闷，特地没有坐轿，想走一走、散散心。正步行着，突然听到有个悦耳的女声在喊他，他抬头一看，只觉眼前一亮，轿帘挑起，轿内坐着一位丽人：上身穿一件粉红色绣花罗衫，下着翡翠绿湖绉裙；白嫩的脸儿淡抹胭脂，两腮像桃花似的娇红；眉毛簇黑弯长，似画非画；一双流盼生光的眼睛，荡漾着令人沉醉的风情神韵；乌黑的秀发，梳成芙蓉归云结，云鬓边插着一朵绢花，越发使她显得艳丽、妩媚。

他如痴似呆地望着，一时想不起这美丽女子是谁？

倒是那轿中的女子先介绍起来，说是五年前的一次歌宴上，她唱错了一支曲子，主人要将她拉出去责打。是他为她说情，解救了她，并当即为她谱一曲新词，赢得满堂喝彩。

他想起来了，这个女子是个歌姬，叫崔云英。

那女子邀他有空去她那儿坐坐、聊聊天，他答应了。在又一个百无聊赖的日子，他迈步走进她的家门。她打扮得非常素净，上身穿一件雪白薄翼纱衫儿，系一条淡绿绸裙，逶迤垂地，叫窈窕的身材平添了几分袅娜，飘逸的风姿。蓬松的乌发随意地梳了个如意髻，只绾了一根翡翠簪子，不插珠花、不戴钗环、不抹脂粉，越发显得有一种天然的风韵。在谈话当中，她总有些不好意思，总是娇羞地一笑，粉红的脸颊顿时现出一对酒涡。在歌姬女伶的眼中，不论什么时候，他从来就是一位风流倜傥的才子。崔云英非要他填一首词，他推却不过她的情意，为她写道：

一枝仙桂，香生玉蒲，得唤卿卿。缓歌金缕，轻敲象板，倾国倾城。几时不见，红裙翠袖，多少闲情？如应如旧，春山淡淡，秋水盈盈。

自此，他们的交往日益增多。那天他又一次来到她家时，她略备了些酒菜，两个人对月饮酒，有些醉了。她问道："赵先生，我能做你的知音人吗？"他答道："你不仅是我的知音，而且是我风尘中相识的知己。"她更大胆地问："只能是风尘中的知己吗？"她那醉红的粉颊，微微张开的朱唇，火热的目光，那一片痴心，无限深情。使他心荡魂消。顿时失去了控制，感情的波涛终于冲决了堤防……

月光移开窗口，只留下一片清晖。为了赏月，她早已把灯吹灭了。房间里变得晦暗、朦胧、迷离。他向她走近，已经闻到醉人的香味，已经看见粉颈处露出的一抹酥胸，已经感到她身上的热气，听到心胸有跳动和急促的呼吸声……

他自己张开了情网，却坠入情网而不得解脱。

管仲姬走了进来，轻轻地喊了他一声，把他从冥想中拉回现实生活。他忍了忍，终于还是试探性地问管仲姬，他能不能纳一个妾？

管仲姬已经四十岁了，自然不再青春美貌。她乍然听到丈夫的话，愣了一愣，在内心深处，她对这件事是感到非常痛心的，但她并没有立即表示出来，她希望仍能保持住自己的荣誉地位。她决定只要自己活在世上一天，她就要把头抬得高高的，她不能让别人把自己的丈夫抢走，抢走了他，就抢走了一切。几天后，两人闲坐着，她对赵孟𫖯吟道：

你侬我侬，忒煞情多，情多处，热如火！把一块泥，捏一个你，塑一个我；忽然欢喜啊！将咱俩一齐打破；重新加水，再搅再揉再调和；再捏一个你，再塑一个我；我泥中有你，你泥中有我；我与你生得一个衾，死同一个椁！

闻弦歌而知雅意，管仲姬这一首《你侬我侬》的词，以委婉的譬喻，流露出浓浓的情，蜜蜜的意。赵孟頫深为妻子的柔情蜜意所感动，放弃了纳妾的念头，放弃了他那浪漫的遐想。赵孟頫很久没有到崔云英那里去了，崔云英望穿秋水，将一首"有所思"寄给赵孟頫：

　　思与君别后，几见芙蓉花；
　　盈盈隔秋水，若在天之涯。
　　欲涉不得去，茫茫是烟雾；
　　汀洲多芳草，何必踩蘼杜。

赵孟頫读后，感到有些愧疚。可世间不如意者十之八九，他万般无奈，回道：

　　春寒恻恻掩重门，金鸭香残火尚温。
　　燕子不来花又落，一庭风雨自黄昏。

赵孟頫是痛苦的，管仲姬也是痛苦的，赵孟頫后来还免不了别的风流韵事，每次都使管仲姬伤心欲绝。

元仁宗的时候，入冬以后，赵孟頫有很长一段时间没有上朝。仁宗问近臣是什么缘故，答道："因年老畏寒。"于是元仁宗勒御府赐貂衣给他们夫妇。仁宗延祐六年，他们夫妇终于辞官，由京城大都双双南归，船行到临清，管仲姬竟以脚气病复发而死。这年她五十八岁，赵孟頫颤巍巍地扶柩南返湖州。故居门前梅开胜雪，但管仲姬已无缘重睹故居的梅花盛景。

张丽容千古奇情

　　紧邻苏州的松江府，有一处张氏园林，花木扶疏，住在这里的也算是书香门第。男主人早已谢世，留下母女两人相依为命，那女孩子人如其名，容颜艳丽。更有一奇特的地方，是双眉入鬓，翠似柳叶。加上幼承庭训，家学渊源，更显出她那兰蕙资质。与其比邻而居的便是松江的首富李家。

　　元世祖至十六年初春，南宋丞相张世杰兵败崖山，陆秀夫誓不投降，背着南宋最后一个小皇帝赵柄沉海自尽。蒙古人成为统治全中国的主人。

　　开始汉族士大夫出于"夷夏之防"，反对蒙古人入主中原。蒙古人也以高压手段对抗汉族读书人，后来元世祖忽必烈为了笼络人心，采纳善言，置招贤馆，开经史科，不惜优给廪饩以培养人才。文人无行，本固坚守信义而过着凄惶日子的知识分子，抛弃了满嘴的道义，又热热闹闹地奔走在功名之中。纷纷收拾起心猿意马，埋首窗下，皓首穷经。松江首富李家的公子李玉郎，自然是不能免俗。

　　这李玉郎虽生于富贵之家，学习还算刻苦，弱冠之年，文名就已远近闻名，夏天他来到城南的别墅避暑，仍不辍学业。这里地旷风清、楼高宜人，凭栏远眺，不远处人烟辐辏的地方就是青楼云集的地方，丝竹之音随风隐约传来，间有脂粉香息飘入窗棂。李玉郎耳闻鼻嗅，久而久之，也不以为异了。

　　一日，同窗好友数人来访，对于不远处随风飘送过来的音韵及香息特别敏感，不觉中开起玩笑来，笑问李玉郎："但闻声息，不见其形，难免不想入非非吧。"李玉郎笑道："若见其形，则不赏其声息矣。"就这样一问一答，撩起了无限的遐思冥想，于是议定每人作诗一首聊以佐酒。李玉郎才思敏捷，一挥而就，众人立即传观。正在兴头，忽报老师来到，慌得众人连忙下楼迎接，李玉郎深恐诗稿被老师觉察，赶紧纳入怀中，想想还是不妥，干脆揉成一团，凭栏抛向墙外。好风凭借力，那纸团眼看着悠悠地落到张氏园林。

此时的张丽容年已及笄，久居雅舍，春花秋月，倍感寂寥。夏日乘凉绿荫深处，隔墙听到笑语声喧，常常为此心往神驰。这天正在云里雾里地遐想之际，忽见一团彩笺凌空跌落，毫不犹豫地拿起就读，一看是：

曲栏深处一枝花，浓艳何曾识露华；

素质白攒千瓣玉，香肌红映六铢纱。

金铃有意频相护，绣帏无情苦见遮；

凭仗东皇须着力，向人开处莫教差。

张丽容当然知道这是隔壁李家公子的诗。这些描写青楼妓女的诗句，自然是若隐若现，不庄之处在所难免。张丽容不明就里，反而误认是隔壁李家儿郎给自己写的情诗，并想入非非地认为这是李郎苦无沟通的管道，只有隔壁一掷。也真难为了他。想到此处，不禁哑然失笑，内心窃喜，立即根据原诗原韵，和诗一首：

深谢韶光染色浓，吹开准拟倩东风；

生愁夕露凝珠泪，最怕春寒损玉容。

嫩蕊折时飘蝶粉，芳心破处点猩红；

金盘华屋如堪荐，早入雕栏十二重。

张丽容怀着忐忑的心情，用一枚胡桃核裹入白绫帕中，颤巍巍地爬上太湖石顶，用力掷入李家楼窗。李玉郎将诗读完，便了然张丽容的情怀。每天都将头伸出窗外探视，一天正遇着张丽容也正悄悄地望着这边。四目相对，恍若触电，原来彼此之间就略有所知。此刻更加像相识多年的老友，于是互展笑靥，款款而谈。每当这时，女孩子就更显得大胆，更积极一些。

张丽容十分大方地问道："以君才情，傲视一方，何以至今未婚？"

李玉郎答道："欲得才貌如卿者方可！"张丽容满面飞红，羞羞答答地说："蒙君不弃，妾自当留此身以待君也。"两人于是隔壁盟誓而别。

李家为松江首富，媒婆为李玉郎提亲的络绎不绝，李父则用门不当、户不对为由一概拒绝。等到李玉郎心有所属，告诉父母，李父又以张家寡母孤女，其父亲在日，只会作赋吟诗，空谈心性，腐儒世家，想必他的女儿也必不切实际，认为并不是理想的对象。只是迫于儿子的要求，随便答应下来，并没有认真央媒说合。

李玉郎以为好事得谐，不过是时间而已，因此常常在花晨月夕，神采飞扬地凭栏吹笛。张丽容每天听到笛声，心中窃喜，于是诗兴大发，再写一诗，仍借助胡桃掷上楼头：

自从闻笛苦匆匆，魄散魂飞入梦中；

莫怨粉墙高如许，心有灵犀一点通。

转瞬溽暑易过，李玉郎即将再往学馆从师问道，而婚事却了无消息，心神惶惑不已。于是整天斜倚楼头，一曲又一曲地吹笛解闷，心中悒郁，笛声中也呈现出幽怨的音韵，呜呜咽咽，使人不忍卒听，面对佳人的垂询，答道：

栏干闲倚日偏长，吹笛无俚苦断肠；

安得身轻如飞燕，随风飘飞到妆台。

日有所思，夜有所梦。李玉郎白天想的是情人的举止神情，晚上便在梦中与情人尽情欢会。于是神移情牵，学世荒废，茶饭无心，终于怏怏成疾。父母透过玉郎的同窗好友探得实情以后，迫不得已，备齐六礼遣媒到张家订亲。李玉郎听说婚事得成，一跃而起，沉疴不药而愈，准备冬天一到就要佳人过门。不料事出意外，平白地拆散了一椿好姻缘。

蒙古人入主中原之后，"中书省"是全国最高行政机构，同时将今天山东、山西、河北等地划为直辖区。另外将全国划为十个"行中书省"，分辖一百八十五路、三十三府、三百五十九州及一千一百二十七县。

松江府所属的"路"，总管叫阿鲁台，任满赴京候选另派职务。当时京城独掌人事任免大权的是右丞相伯颜。伯颜一方面严刑峻法压制汉人；一方面贪婪无度，对各级官吏多所需索，稍不如意，立即罢黜。阿鲁台心想，至少得白银万两，否则出路不堪设想。阿鲁台大概还不算贪官，他检点囊橐，还不足五千两白银，直觉得前途堪忧。这时就有心腹佐吏向他献谋："丞相府金银堆积如山，所缺者，非财也。倘能于辖下各府、州、县，选得才色双绝之妙龄美女二三人，所费不过千把两银子，必能博得丞相欢心。如此将可获得优差。"

阿鲁台深以为计，立即命令佐吏打着丞相的旗号，前往各府探访。几经选择，仅得才色双绝的女子两人，首选就是张丽容。

李玉郎父子听到此事，犹如晴天霹雳。多方奔走说项，都无济于事。

经过一个短时期的习礼，易装，便坐上大船北上大都。张丽容临行托人寄语李玉郎："此次北行，惟死而已。"从登船那天起，就开始绝食。随行的张母看到女儿这样，哭着说："你死了一定牵累我，你可稍稍进食，再作计较！"

张丽容不忍老母受累，可又苦无良策，真个是求死不得、求生不能，进退两难，一路沿运河北上。李玉郎随船追赶，风雨无阻，为情所苦，明知不可为而为之。白天踉跄呼号、晚上露宿堤岸，前后月余，跋涉三千多里。从松江一直追到山东临清，脚上打满血泡，蓬首垢面，已经不像人样了。

张丽容从船窗中窥见李玉郎的狼狈模样，心如刀绞，悄悄派船夫对李玉郎说："妾之所以不死，都因寡母未能有所安排，抵大都前，定必有以报玉郎。"

李玉郎听到这话，悲痛万分，一跃投水。船夫急忙救起，已气绝身亡。张丽容眼看李玉郎已死，跟着自缢于船舱中。

阿鲁台怒不可遏："何物女子？不爱锦衣玉食，富贵荣华，而迷恋一介寒儒，诚贱骨也。"

下令船夫剥下她的衣裙，裸而烧之。奇迹出现了，肉身已化为灰烬，而一颗赤心却完整无损。船夫十分惊骇，用脚猛踩，突然有一件东西从里面挤出，大小似手指，酷似人形。用水把它洗干净，颜色像珊瑚，晶莹如玉，质地坚硬。仔细审视，衣冠眉目样样俱备，宛然一精雕细琢的李玉郎。

船夫啧啧称奇，连忙告诉阿鲁台，并请将堤岸上的李玉郎也一样地烧了，看看究竟。李玉郎被焚后，果然也留下一小小人型像，颜色金黄，俨然一精雕细琢张丽容。

阿鲁台大惊道："异哉！精诚所结，竟一至于此呀？"接着大喜，说道："这两样东西实际是稀世罕见的宝贝，献呈丞相，必邀青睐！"于是用锦帛包好，装在檀香木匣中，写上"心坚金石之室"。

到京后，阿鲁台喜滋滋地来到丞相府，将这两样宝贝献给伯颜，并将事情的来龙去脉详详细细地叙述一遍。伯颜闻所未闻，更见所未见，于是眉飞色舞地打开木匣以观究竟。谁料展开锦帛，只见酱色血肉一团，刹那间腥味四溢，令人作呕。伯颜大怒，立刻将阿鲁台下狱，认为此事太过荒唐。简直是有意触他的霉头，于是治以"强夺民妻，致人于死"之罪，判处死刑。

有人讲：男女之私，精坚志确，而始终不谐，衷心思念，至死不化而凝聚成形，坚如金石。由抽象的真情，转而为具体的形体，既得合二为一，此情得谐，此气遂伸，于是化为血肉了！于理或可解释，于情确实不可思议。

第二章　谱写动人的篇章（上）

朱小姬怜才解佩

月落乌啼霜满天，江枫渔火对愁眠。

姑苏城外寒山寺，夜半钟声到客船。

　　这首诗使姑苏城在历史上大大出名，这诗的作者是张继。元顺帝年间，姑苏城又出了一位才女朱小姬，她的才情和风流韵事给姑苏又凭添了一段佳话。

　　姑苏仓浪亭畔住着一家殷实的商人，主人往返于苏州、宛洛之间，批发南北杂货；娘子则过着呼奴唤婢、锦衣玉食的生活。一天，朱家娘子正在午睡，忽然梦见神人以犀钗投在她的怀中，于是感而成孕，生下一个女孩，便取名犀生，她就是后来的朱小姬。朱小姬自幼聪明，四岁时已能认字，朱家更是请人教读，不数年间就已有了一定的基础，邻里都说："朱家女儿，聪明无比，将来前途一定不可限量。"

　　元顺帝时期，天下已成汹汹之势，四处盗贼蜂起。朱父在外出经商的途路上，终于一去不返。这年朱小姬十岁，里巷豪强肆掠，朱家母女饱受欺凌，终于在族人及豪强的强取豪夺之下，迅即家道中落，生计难以维持。在过了一段寄人篱下的生活后，朱小姬的母亲狠心将她卖给了姑苏的豪富之家俞家，更名俞葵，这年朱小姬十二岁。

俞家是姑苏的诗礼人家，可说往来无白丁，谈笑有鸿儒。远近的名流缙绅，多喜欢到俞家的园林盘桓流连。渐渐地由于俞老太爷年老体衰，几个儿子又不能克绍箕裘，反而多由家姬俞葵代替与各位名士诗文酬应。朱小姬可是一位有个性的女孩子，她写下来的诗都署名朱小姬，不屑于以俞葵自居。这些诗多用浣花笺写下来，字迹纤巧，词意清丽。这时的朱小姬已出落得风骨媚人、玉肤雪貌。可惜俞家的儿子个个都不中朱小姬的意，已解风情的朱小姬就常常闭门焚香鼓琴，为哀凤求凰之音，听到的人没有不叹绝。她这时留传下来的一些诗词都表露出她这种心情。

> 落尽棠李水拍堤，萋萋芳草望中迷；
> 无情最是枝头鸟，不管人愁只管啼。

这是一首题名"春归"的七言绝句，由景物更替衬托出心情的落寞。此外，如《咏梅》诗中的："可怜不通知音赏，零落残香对野人。"如《鹤赋》中的："何虞人之见获，遂羁落于轩墀，蒙主人之过爱，聊隐迹而栖迟。"还有《咏虞姬》诗中的："贞魂化为原头草，不遂东风入汉郊。"或自怨自艾；或怒而不怒，都直抒胸臆。

是不是就完全没有朱小姬中意的人呢？不，至少有一个人深深

地刻印在朱小姬的心坎上，无法忘怀。这个人就是游学江南，几度
到俞家，与朱小姬有数面之缘的郑翰卿。

郑翰卿，《录鬼簿》说他曾"以儒补杭州路吏，为人方直，不
妄与人交。名闻天下，声彻闺阁，伶伦辈称郑老先生者，皆知为德
辉也"。他是元末最有名的才子，写有《傅女离魂》等杂剧十八种。
他写少女怀想情人，是那样地柔情婉转、美丽动人：

想鬼病最关心，似宿酒迷春睡。绕晴雪杨花陌上，趁春风燕子
楼西。抛闪杀我年少人，辜负了这韶华日。早是离愁添萦系，更那
堪景物狼藉。愁心惊一声鸟啼，薄命趁一春事已，香魂逐一片花飞。

再如他写游子飘零，抒发出怀才不遇的感情，流落他乡的感慨，
特别能引起封建时代失意文士的共鸣：

雕檐外红日低，画栋畔彩云飞。十二栏杆，栏杆在天外倚。泪
水盼秋水长天远际，归心似落霞孤鹜齐飞。

襄阳倦客苦思归。我这里凭栏望，母亲那里倚门悲。……怎奈
我身贫归未得。

这样一位情致凄婉的男士，得到女士的青睐自然不在话下，更
何况是朱小姬这样有才情的女孩。

开初，在元末扰攘的世局中，物阜民丰的江南尚能维持粗安的
局面，但渐渐地姑苏也嗅到了纷乱与烽火的气息，朱小姬随同俞家
迁移到武林（今日杭州）。暮春三月，江南草长，杂花生树，群莺乱

飞。朱小姬常常坐着画舫，徜徉于风光明媚的湖上、穿梭于田田荷叶之中。一天，朱小姬忽然见到长堤绿荫中有人在向自己频频招手，驶近定睛一看，竟是自己日夜牵挂的情人。异地重逢，倍感亲切。完全陌生而新鲜的环境，使昔日的顾虑及藩篱尽形拆除。他们爽朗地笑着，热情地互道别后的一切，当天晚上朱小姬便随同郑翰卿回到他寄居的西陵韩庄。明月为证，两人的情感居然有了破格、意外、疯狂的发展。正如在旁边看得分明的陈伯孺赠给朱小姬的诗中所说：

相逢刚道不魂消，抢得人和曲未调；

莲子有心张静婉，柳枝无力董妖娆。

春风绮阁流苏帐，夜月高楼碧玉箫；

莫忆西陵松柏下，断肠只合在今宵。

这时，俞家的老太爷已经过世，朱小姬似乎并没有受到俞家第二代的太多约束，加之初到杭州，人生地不熟，俞家也失去了往日的气势与排场，朱小姬只是简简单单地向俞家打声招呼，便在西陵韩庄一住月余。郑翰卿轻怜蜜意，朱小姬更是柔情万种。郑翰卿曾以犀钗相赠，朱小姬见后惊叹："此吾母梦征也，吾二人缱绻难舍，此或系天意乎？"

朱小姬以"天意"来打动郑翰卿，也是她的聪明伶俐处。郑翰卿看到既已如此，于是出重资向俞家行聘。朱小姬被以赎身的形式脱离了俞家，正式成为郑家的媳妇。她脱下艳丽的服装，亲自操持家务，在西子湖畔夫唱妇随，过着人间天上的幸福生活。

当时杭州城有一个著名的以写诗闻名的妓女叫周月卿，因事被牵连而受到官府的追捕，四处藏匿，惊恐万状。朱小姬曾与周月卿有过文字上的交情，就暗示丈夫予以援手。郑翰卿本是官场上的人物，又与杭城守令有交往，于是写了二首绝句为周月卿求情：

其一：

不扫蛾眉暗自伤，准怜多病老徐娘；

腰肢剩有梅花瘦，刺史看时也断肠。

其二：

高矗朱龙北苑边，闲人湖上逗春烟；

使君打鸭浑闲事，一夜鸳鸯飞上天。

由于郑翰卿的帮助，周月卿的事总算解决了，这在杭州城的风月场上，留下了一段佳话。

稍后，郑翰卿与家人一同到天目山的苕溪，朱小姬因略染风寒而没有一同前往。闲居无事，便动了到俞家走走的念头。俞家的少爷们终于又看到已由少女成了少妇的朱小姬：见她丰润模样，眼明脸静，娇艳与媚娆更胜从前，不禁为之怦然心动，邪念顿起。竟不惜买通几个恶少，在朱小姬回家的路上将她劫持。关在幽室中的朱小姬面对俞家少爷们的骚扰，悲愤莫名，剪断秀发，毁损服饰，表示"吾宁死而不受辱！"的坚贞气节。

半个月后，郑翰卿从苕溪回来，得知爱妻被俞家劫夺幽禁，只得再次求救于杭州城的守令。这位老朋友不急不慢地笑问郑翰卿："早一向你为别人求情，乃有打鸭惊鸳鸯之语，不意遂成奇谶，今日报应到你自己的头上来了！"

郑翰卿失去了朱小姬，自然是方寸大乱，失魂落魄，急得像热锅上的蚂蚁。杭州城内的上流社会不见了朱小姬，也为之惊诧不已。杭州城守令在玩笑开够之后，立即下令缉捕数名恶少以及俞家少爷们，并将朱小姬断给郑翰卿。断辞是这样写的：

朱小姬良妇也，原系俞家姬，愿得好逑而偕老；郑翰卿才士也，倾资三斛，将携淑女以于归；何期枭狡之不良，几至凤鸾之失偶。相如涤器，临邛令甚耻之；襄王行云，巫峡梦不虚也。凌霄琰气，幸逢合浦之珠，向日葵心，堪并章台之柳。鸳鸯谐波面之欢，行堪比翼；鬼蜮潜水中之影，敢复含沙；任将一片云帆，携作入闽春色。苏长公原是风流，只借数言为三尺；韩夫人岂长贫贱，用联双璧以百年。

郑翰卿官司胜诉，朱小姬的怜才解佩，终于得到法律的承认。郑翰卿也不再留恋风花雪月，携同朱小姬到了地处荒僻的闽中定居。此时四方豪杰并起，元朝摇摇欲坠，但闽中始终未被刀兵之灾所波及。十年后朱小姬陆续为郑家生下三子，当年西子湖上的友人陈伯孺特地写诗寄给他们：

秋叶何须倩作媒，画堂红拂肯怜才；
荥阳公子遗鞭过，湘浦佳人解佩来。
绣户星稠杯合卺，玉闺春早镜安台；
只缘十斛明珠换，掌上于今有蚌胎。

刘翠翠肠断处难了情缘

世路多歧，有情人难成眷属。一个个离合悲欢，一个个生离死别，说不尽的海枯石烂总成空。

还是在元朝末年，那一个个为情而死的女子似乎总要与那些逐鹿争雄的霸主共写历史，这次是一个来自乡间的女子，她以她平凡的事迹来感动世人。

在淮河的岸边，一个不起眼的村庄。在一家私塾里，一张桌子后坐着两个懵懵懂懂的学童，那女孩叫刘翠翠，男孩就叫金定。现在的中学教育，常遇到的一个问题就是所谓的早恋，伤透了老师的心，伤透了家长的心。然而以常理来揣度，老师和家长的态度未尝不也是压抑了性灵。

刘翠翠和金定渐渐长大了，刘翠翠雅慧可人，金定聪明俊秀，就像现在的中学生偶尔递个纸条，抛个眼儿一样，两个人也渐渐地私心相许。同学之间也不断地调侃，说他们是同岁同窗又同桌，今后理所当然地会成为夫妻。刘翠翠每当听到这类话虽然也羞羞答答地红一红脸，居然也并不反驳，来个默认。

快毕业了，金定悄悄地递个条子给刘翠翠，只见条上写着：

十二栏杆七宝台，春风随处艳阳开；

东园桃树西园柳，何不移来一处栽。

　　这是一首非常大胆的充满了挑逗意味的情诗，刘翠翠非但不以为忤，更且照单全收了字里行间的浓情蜜意，迫不及待地依韵和诗一首，透露出心底的秘密：

　　　　平生每恨祝英台，怀抱何为不早开；
　　　　我愿东君勤用意，早移花树向阳栽。

　　要分手了，由于双方都已表明了心迹，虽然有些难分难舍，但心中都充满了阳光，感到生活的充实，到处是姹紫嫣红，到处是莺歌燕舞。

　　待在家中的刘翠翠，正是如花似锦的二八年华，加上又有文化，更衬托出一种闲雅，颖慧的美。上门提亲的人接踵而来，做父母的喜不自禁，每次都喜滋滋地征求女儿的意见，每次都碰到女儿支支吾吾的回答，总不见真章。父母有些恼火，刘翠翠也不敢吐露实情。想到自己在学校读书就自找情郎，有些害羞，难于启齿，更怕说出来遭到父母的责骂。有一天实在逼急了，终于一把鼻涕，一把眼泪地对父母表明了心迹，又怕父母不同意，立即表明如果不准自己嫁给金定的话，就只有一死而已，誓不入他人家门。刘家父母是大度的人，把满足女儿的心意看成是女儿最大的幸福，成全了这一段姻缘，金定和刘翠翠鹣鲽情深，完婚之后，如翡翠在赤霄，鸳鸯游锦水。

　　自古红颜多祸水，人们常常认为历史上一些漂亮的女孩子把世道人心搞坏，使社会动荡，使生灵荼炭。事实上在中国的古代妇女是没有地位的，她们唯一的错就在于生得漂亮，使得男人们争风吃醋，使得男人们不思进取。社会掌握在男人们的手里，男人们自己犯下了错误，然后把责任一股脑地推给妇女。妇女的命运是悲惨的，与"自古红颜多祸水"这句话比较，"自古红颜多薄命"更反映了古代妇女的命运。

刘翠翠就因为生得漂亮给自己带来无尽的烦恼。元末在淮河一带起兵的是张士诚。他攻占了淮安，在兵荒马乱中，刘翠翠被张士诚的部将李虎山发现，他惊叹刘翠翠的美，于是就不由分说地将她裹挟而去。

人去楼空，家中的一切对金定来说自然是"物是人非事事休"，过去的万种风情，今日的愁上心头，世界的一切全都死了……

多雨的春夏季之后，接着是晴朗的秋天。金定无时不在思念刘翠翠，他经常到城外的山谷田野间游荡，把自己累得疲倦不堪——试图抵抗他的悲哀。

秩序稍稍有些恢复，金定便迫不及待地辞别父母，背起包袱上路，漫无目标地踏上了寻找爱妻的旅程。在离家的时候，他母亲用慈祥和平的眼睛望着他："去吧，孩子，别错过了好天气。"他们彼此瞧了一会儿，然后点了点头，表示告别。他轻轻地把门带上——于是，他离开了她，永远地离开了她。他至死才知道，这也是他和母亲的永别。

一路披星戴月，餐风露宿，盘缠渐渐地用完。囊橐枯竭，行动艰难，但此心不移。金定白天向人行乞，夜晚宿在破庙或桥头。他得到了李虎山的下落。李虎山由于立有军功，被张士诚封为将军，目前镇守湖州。

金定赶到了湖州，湖州李将军府高门大户，气魄非凡。金定伫立门外踌躇窥伺，畏畏缩缩的不知如何是好。犹豫是暂时的，金定鼓起勇气朝将军府走去。金定告诉守门人，他是淮安人，亲妹妹在兵荒马乱中失踪，几年来，音讯杳然。现在打听到是栖身在李将军府，自己不远千里而来，希望能够见妹妹一面。他稍微停顿了一下儿，接着说道："我叫刘金定，妹妹叫刘翠翠，通晓经史，有一定的文化，当年失踪的时候是十七岁，现在七年了，应该是二十四岁。"守门的是一位中年男子，也是一位饱经沧桑的人，尽管久在公门，但为人朴实、热情，眼看金定久历风霜，满面憔悴的模样，立即为他通报。

不久，里面就传唤金定入见，在高大的厅中虎皮椅上坐着一位中年武人。这人就是李虎山，金定强忍着"夺妻之恨"，上前施礼。

当时刘翠翠正在内室，听说兄长从家乡寻来，感到有些蹊跷。因为家中并无兄长，无疑来人就是自己的前夫金定。她细细地将自己打扮，尽量恢复七年前的模样，她压抑住内心的激动，姗姗地从里面走出来。见面了，在李虎山的面前，两人以兄妹之礼相见。金定淡淡地问刘翠翠过的怎么样，刘翠翠要金定在府中住一段时间，好好休息一下。好在他们容颜酷似，长着所谓的"夫妻脸"，举止也有些相同，李虎山也就坚信他们确是多年不见的兄妹，还跟着感叹了一番。

刘翠翠是李虎山宠爱的人，眼前的这个书生又是千里迢迢前来探望刘翠翠的兄长，爱屋及乌，李虎山一迭声地交待从者备饭、更衣、扫榻，把金定当作上宾招待。第二天，李虎山征得金定的同意，更把金定留下来作自己的记室，也就是现在的秘书。从此金定每天在前厅处理书札文书，他恭谨诚敬，把事情办得井井有条，深得下人的敬重，于是更受到李虎山的倚重，李虎山常常向来客夸示金定。

李虎山待金定不薄，然而金定这回千辛万苦地找来，并不是为了一官半职，而是为了寻找爱妻。如今一面之后，无缘再见，欲达一意都毫无办法，面对着闺阁深远，遥不可及，徒唤奈何。

一次偶然的机会，他们相遇了。在刘翠翠的心中，关于金定的回忆，是她一生中最美好、最纯结的回忆。她听到他的姓名就感到愉快，见到他的面更使她激动。金定注视着她。

"我真怕不能再见你一面你就走了。"她说。

"我走了你又怎样，我留下你又怎样?"金定问她。

"你走了我无可奈何，你留下我也无可奈何。"她说，有些凄然。

"你爱李虎山吗?"金定唐突地问。

她没有回答。很久以后，金定站起来，她看着他走出去，走出她的视线，但怎么也走不出她的心。

是秋天的日子，处处都飘着些枯枝败叶。

入夜了，独处一室的金定更感到秋意的萧瑟，感到秋风比白天更大了些，有些砭入肌骨。孤灯照壁，觉得屋子是这样的大，这样的空，衾枕生寒，他彻夜无眠。月光下、树木上，对面屋顶上都留下了一层薄薄的白霜，秋意更浓，怀着满腔的愁闷，他提笔写下了：

> 好花移上玉栏杆，春色无缘得再看；
>
> 乐处岂知愁处苦，别时容易见时难。
>
> 何年塞上重归马，此夜亭中独舞鸾；
>
> 雾阁云烟深几许，可怜辜负月团圆。

诗中极述相思之苦，深沉的无奈和期待。第二天一早他就将诗誊好，缝在衣领中，拿出一百文钱给服侍自己的小僮，叫他将衣送入内院，叫他告诉夫人："秋深风寒，注意保重身体，现在送一件棉衣，聊御风霜。"小僮喜滋滋地将衣送入内室。

刘翠翠接过棉衣，思量着金定的话，见到棉衣是一件男装，就知道别有因由。她拆开衣服，见到了金定的诗，悲不自胜，吞声饮泣，柔肠寸断，不自禁提笔，和了这样一首诗：

> 一自乡间动战锋，旧愁新恨几重重；
> 肠虽已断情难断，生不相从死亦从。
> 长使德言藏破镜，终教子建赋游龙；
> 绿珠碧玉心中事，今日谁知也到侬。

她用同样的办法把诗送到金定的手中，金定一看，刘翠翠把自己比作是绿珠碧玉，把金定比作了徐德言、曹子建，看来此生复合无望，只有相从于地下了。所谓"隔世有盟须结发，今生无益枉销魂。"

无法至诉衷曲，更无法彼此安慰，金定断定爱妻以死相许，从此抑郁连日，遂感沉疾。日重一日，终至于奄奄一息。此时刘翠翠已顾不了嫌隙，天天来床前侍候。金定最后就死在刘翠翠的臂弯中，她慢慢地把他放下，为他合上双眼，为他整理了一下头发和衣服。她走出他的屋子，她才哭起来，她眼泪流出来，越来越多。

李虎山十分怜惜，把金定厚葬在城南道场山麓。刘翠翠想到自己的丈夫为了寻自己，客死异乡，从今后荒山寂寂，旷野无声，止不住悲从中来。哭倒墓前，深宵归府，寒疾大作，辗转衾席，不服药石，已是志在必死。她哭着对李虎山说："妾弃家相从，已历八年。流离外郡，举目无亲。只有一兄，也已死去，我病不能起，我死后请把我埋在兄长的墓旁。让我在黄泉路下，有所依托，不至于在他乡做孤鬼！"不久，刘翠翠死去。

李虎山念及往日的情意，不忍违背她的意愿，就把她埋在金定的坟旁。从此当地人就把这叫做"兄妹坟"。

田娟娟的折扇姻缘

千里姻缘一线牵。这姻缘一事十分奇妙，素不相识的一对男女，只因了一把折扇牵线，竟结成了情深意笃的恩爱夫妻。真难说是天定还是巧合。田娟娟与木元经的折扇姻缘就是这样的一个故事。

木元经是山阴的一名才子，年少才俊，仪表轩昂。一年盛春，他只身一人来到泰山，领略雄伟东岳"一览众山小"的气概。为了第二天清晨在泰山绝顶观日出，夜里停宿在秦观峰。山风清爽，夜里睡得十分香甜，美梦翩然入睡乡。他梦见自己迈步在一片秀美的山水之中，忽有一美女飘然而至，遗下一诗扇，转身隐入一所雅致的宅第中。他拾扇展读，还没等他看清扇上的题诗，忽闻一阵清脆的晨钟轰鸣，把他惊醒。清醒后，虽然没有记住诗文，而梦中所见山水宅第却历历在目。

第二年，木元经被当地府学推荐入朝廷太学，赴京途经武清县。到武清时，适值落红遍地，柳絮飞锦的暮春时节，此地风景清丽宜人。离太学开讲还有一段时间，因而本元经决定在武清小作停歇。找了家客栈住下，安排妥当后，就到了夕阳西斜的时候，迎着和暖的晚风，木元经信步走出客栈，不知不觉走到了郊外。过了一座小石桥，前面不远处是一个翠绿葱郁的山凹，一条小径通向深处，四周嫩草如茵。木元经十分惬意地左顾右盼，忽然眼前一亮。发现道旁草地上躺着一把娟秀的折扇，拾起一看，是一把精致的檀香木骨绢面小扇，扇头上用红丝绳系着一对小巧玲珑的水晶蝴蝶，展开扇面，上面题着一首诗：

> 烟中芍药朦胧睡，雨底梨花浅淡妆；
> 小院黄昏人定后，隔墙遥辨兰麝香。

诗意清雅优悠，春意甚浓。再看字迹，是一笔娟秀的小楷，似出自姑娘之手。木元经体味着诗韵，再次抬头四顾，猛然觉得眼前的景致十分熟悉。仔细一想，原来是与去年在泰山上所经历的梦景如出一辙，心中不免惊奇。

再沿着小径往前行，远远看见有一妙龄女郎，带着两个年幼的婢女在溪畔花丛间游玩采花。木元经不由自主地走上前去，还不待他靠近，那女郎似乎有所察觉，唤了两个婢女。一阵儿莲步轻移，循小路走进山凹前的一所院落中，只抛下一路轻盈的笑语。木元经不知是进是退，眼巴巴地望着那所院落，竟然也与当初自己梦中所见一模一样。他不由得有些心神恍惚，既兴奋又怅然，掏出佩刀在路旁杆上刻下一首七言绝句：

　　　　隔江遥望绿杨斜，联袂女郎歌落花；

　　　　风定细声听不见，茜红裙入哪人家？

　　眼看已暮霭四合，此地不能久留，他怏怏地转回了客栈。夜里，他悄悄向店家打听郊外山凹中住的是什么人家，店家告诉说："此去三里许有田将军园林，公子所见，莫非是田将军的爱女田娟娟？"

　　这山野之中，为何会住着一个单门独院的将军呢？原来这田将军是上轻车都尉田忠义，他在征讨西北敌寇时，被流矢射伤，凯旋后伤口始终不愈，于是携带妻女回故里武清养伤。田夫人钱氏是世家之女，精通文墨，雍容淑静。田将军夫妇膝下只有一女，闺名娟娟，在母亲的悉心教养下，通晓经史，擅长音律，配上她的天生丽质，在武清县内是绝无仅有的第一佳人。娟娟随父母隐居在山青水秀的郊外，每天主要的事情是在父亲病榻前侍奉汤药，闲暇时便带着她的两名婢女游玩在山水间，日子虽然清寂，却也别有趣味。

　　再说客栈中的木元经，这一夜心潮起伏，难以成眠。天刚破晓，他立即起身盥洗，又兴致勃勃地循旧路来到郊外溪桥畔，徘徊在树荫花丛中。希望再次与佳人不期而遇，聊慰他渴慕之心。一直等到中午，除了风摇花动，不见佳人踪影，他只好返回客栈用午膳。午后，木元经又回到桥边，静坐在草地树荫下，等待着奇迹出现。片片落花随溪水而去，转眼又是黄昏，奇迹却不曾发生，无奈之下，本元经又在另一棵树干上刻下一首诗：

　　　　异鸟娇花不耐愁，湘帘初卷月沉钩；

　　　　人间三月无红叶，却放落花逐水流。

由于学业在身，木元经不能在武清久留，只好怏怏地离开，进入京城。在太学中，承教名师，埋头苦读，但心不由己地拿出拾到的折扇把玩，视如珍宝。

三年后，木元经完成了学业，被派往洛阳为官，走马上任，真可谓少年得志。又是一个春天，洛阳的牡丹花开得争奇斗艳，城外更是繁花似锦。公务余暇，木元经独自骑了一马，往郊外踏青。

一路清风送爽，不知不觉来到人迹稀少的远郊。行至一溪桥边，木元经牵马到溪中饮水吃草，然后自己手摇折扇，站在桥头观赏远近阳春美景。见不远处路旁有一处人家，木元经感觉有些口渴，便牵上马，想去讨口茶喝。

出来开门的是一个慈善的老翁，他热情地邀请木元经进屋歇息奉茶。木元经随老翁入内，里面院子很大，前面是几间茅舍，通过一道内门，却是另一番天地展现眼前：其中有楼台亭榭，花木成荫，一条小径穿花而过。木元经又觉似曾相识，原来是与泰山梦境酷似。他大感意外，心想其中必有天机，于是故意拿出在武清拾到的折扇扇风。

老翁叫人进了茶水，自己与客人在厅中落座，见到客人手中的折扇，十分客气地借过来看了片刻，又问客人折扇的来由。木元经把武清拾扇的经过如实禀明，老翁嘱他稍等，自己则持扇隐入内室。

不大一会儿，老翁喜滋滋地走了出来，对木元经说："天下真有这般巧事，我见你这把扇上的字迹似我外甥女的手笔，恰好我妹妹和外甥女住在我这里，因此借了让她们去看，果然此扇是我外甥女的失物。你们甚是有缘，舍妹请公子入内一见！"

木元经怀着兴奋又惶惑的心情，被引入内院的一处花厅，刚一坐下，一位年约五十的老妇走了出来，雍容华贵、神情慈蔼。木元经见过礼，老妇徐徐开口道："老身钱氏先夫上轻车都尉田忠义，前岁因战伤归故乡武清休养，小女娟娟不小心失落此扇，不想到了公子之手，然而当时树干上刻的两首诗，不知何人所为？"木元经听田夫人念了那两首诗。恭敬地答道："是在下昔日所题，不想惊扰了夫人。"接着又关切地问："不知老夫人何时由武清来洛阳？"

田夫人神情黯然地说："先夫已经离世，年前我们母女从武清投奔到此地哥哥家。"说完后，田夫人折回内室，一会儿，引出一美丽的女郎，云鬟花颜，款步轻移，宛若天仙一般。木元经看了这女郎大吃一惊，她竟然与泰山梦中所见美女一模一样。心想必定是机缘天成。双方见过礼，木元经把他泰山神梦的情形细细叙述了一遍，在座的人都惊叹不已。田夫人暗中示意他可央媒人来说下这门亲事，木元经心领神会，天近黄昏时，告辞回城。

第二天，木元经就请了媒人，一同往郊外去求亲，田夫人自然是爽快地答应下来。既有天定情缘，又有双方情意，一对佳人在这年四月就缔结了良缘。

婚后两人住在城中官府里，一有时间就往郊外探视田娟娟的母亲和舅父，有时也在郊外小住几天，小夫妻的日子十分甜美和洽。一天，木元经问田娟娟："平日在闺中作何消遣？"娟娟含笑答道："相公没听说闺中有十乐么？即是：晓钟理妆、晴窗临帖、昼长读画、晓霁浇花、巡檐觅句、隐几观棋、月下抚琴、灯前问字、夜凉摊卷、午倦烹茶，妾就用这些排遣闺中时光。"木元经追问："那般不觉寂寞么？"娟娟娇羞喷言："自然不比今日美满。"夫妻俩相视而笑。

木元经知道娟娟善作诗，便索要她过去的诗篇拜读。娟娟从盛嫁妆的箱中翻出满满一筐诗稿递给夫君。木元经仔细翻阅，如临胜境，爱不释手。略略看过后，他找出自认为最佳的一篇是一首"咏雪"绝句：

> 霏霏玉屑点窗纱，碎碎琼柯响翠华；
> 乍可庭前吟柳絮，不知何处认梅花。

这诗读来只觉一股清越雅香的气息扑面而至，无忧无喜，一种超尘脱俗的淡远。

新婚后的两个月，木元经因公事奉命南下，田娟娟缠绵难舍，作了三首诗送别：

其一：
两月缱绻意气投，一朝离别话新愁；
暮云春树相思际，惆怅关山独倚楼。

其二：
别绪环生目欲斜，灯前分袂泪交加；
还期异日相逢处，携手同看姊妹花。

其三：
情到痴时语亦痴，泪清和墨写新诗；
归舟若至金陵地，陇上梅花寄一枝。

　　木元经在南方办完公事，已是层林染红的深秋季节。因离家已久，便顺路回山阴探视老母。不料木母正患病在床，木元经奉汤药服侍左右，不能离开。木母病渐好转，天又下降寒雪，北方天冻冰封，无法成行。木元经思妻无奈，只有掏出随身携带的折扇把玩，以解相思之愁。他千方百计地托人捎信到洛阳，备述思念之情，并约定春风解冻时返回洛阳，并接她南下拜见婆母。

　　田娟娟独守空房，朝思夜盼，只等春风降临人间。长夜漫漫，她不由地暗叹："修到神仙好夫婿，也愁无奈别离何。"月有阴晴圆缺，人有悲欢离合，谁人能够长聚不离？也正是这种苦涩的离别，才衬托出团圆时的甜蜜呢！

　　日复一日，终于到了春回大地，万象复苏的时节。木元经一路快马加鞭回到洛阳，接了田娟娟又往山阴拜见老母，以慰老母关切之情。

　　有了这次难熬的离别，俩人更加珍惜相依相伴的时光。以后木元经公干外出，只要可能，就争取带着田娟娟同往。大江南北，处处留下他们形影相随的俪影。

苏小小西泠桥畔情悠悠

　　南齐时，钱塘（今杭州）西泠桥畔一户姓苏的人家生下一女，取名小小。这女孩长得眉清目秀。聪慧过人。父亲吟诗诵文，她一跟就会，亲戚朋友都夸她长大后必成为才女。

　　小小六岁时，父亲不幸病故。为了生计，小小的母亲忍辱为妓。

几年的精神折磨，使她身心交瘁，小小十岁时，母亲竟一病不起。临终时，她把小小托付给贾姨妈："我的心是干净的，但愿小小莫负我！"几年过去了，小小已长成一个美丽的少女。小小从小喜爱读书，虽不曾从师受学，却知书识礼，尤精诗词，信口吐辞，皆成佳句。

小小还酷爱西湖山水，她将自己住屋布置得幽雅别致，迎湖开一圆窗，题名"镜阁"，两旁对联写道："闭阁藏新月，开窗放野云。"每天，小小总在西泠桥畔散步，眺望涟涟碧波，点点水鸟，她会情不自禁地吟诗放歌，倾吐心中的情愫。那时的西湖，虽然秀美，但还未经人工开发，山路曲折迂回，游览辛劳，她便请人制作了一辆小巧灵便的油壁香车。坐着这车，可以去远处。车子灵巧，人儿娇美，穿行于烟云之间，恍如神女下凡。沿路行人议论纷纷，啧啧称奇，猜不出她是何等人物。苏小小旁若无人，一路行一路朗声吟道：燕引莺招柳夹途，章台直接到西湖。春花秋月如相访，家住西泠妾姓苏。

苏小小的名声传开了。豪华公子、科甲乡绅慕名而来。僻静的西泠桥畔顿时热闹起来。小小原想以诗会友，交几个酷爱山水的知己，不想来访者多是些绣花枕头烂稻草——衣冠楚楚的蠢才，十有八九被她奚落出门。钱塘城内巨富钱万才数次登门，愿以千金娶小小为侍妾，也被小小拒绝。钱万才失了面子，发狠道："你有才貌，我有财势，惹恼了我可要小心！"贾姨妈劝她："不妨寻个富贵人家，终身也有了依靠。"小小道："人之相知，贵平知心。岂在财貌?！更何况我爱的是西湖山水，假如身入金屋，岂不从此坐井观天！"贾姨妈担心小小母亲留下的积蓄用尽，将来生计无着。小小说："宁以歌妓谋生，身自由，心干净，也不愿闷死在侯门内。"贾姨妈叹息道：

"姑娘以青楼为净土，把人情世故倒也看得透彻！"如此又过了几年，母亲的积蓄终于用完。小小二话不说，操琴谋生，顿时成了钱塘有名的歌妓。冬去春来，莺飞草长。

一日，苏小小乘油壁车去游春，断桥弯角处迎面遇着一人骑马过来，那青骢马受惊，颠下一位少年郎君。小小也吃了一惊，正待下车探视，那少年郎君已起身施礼。小小过意不去，报以歉然一笑。这郎君名叫阮郁，是当朝宰相阮道之子，奉命到浙东办事，顺路来游西湖。他见小小端坐香车之中，宛如仙子，一时竟看呆了。直到小小驱车而去，阮郁才回过神来，赶紧向路人打听小小的来历住处。当他得知小小出身于妓家时，不禁叹一声"可惜"。阮郁回到住处，小小的身影总是浮现在眼前，茶食无味，辗转难眠。他想，既是歌妓，与她相识一番，也是人生乐事！第二天一早，阮郁骑着青骢马，叫人挑着厚礼，径直来到西泠桥畔。恰好贾姨妈出来，阮郁道："晚辈昨日惊了小小姑娘，容我当面谢罪。"贾姨妈见他不似一般王孙公子气盛无理，便进去通报。小小因游湖劳累，今日一概谢客。她倚在床边，不知怎的。总想起昨日遇见的那少年郎君。忽听说此人到来，心中一喜，说："请。"阮郁斜穿竹径，曲绕松柳，转入堂内。小小从绣帘中婷婷走出，四目相视，双方都暗含情意。阮郁英俊潇洒，举止文雅，言谈中对西湖山水赞不绝口。小小道："你既爱湖山，请到楼上镜阁眺望。"镜阁墙壁上贴着小小书写的诗，阮郁念到"水痕不动秋容净，花影斜垂春色拖"时，不禁叫好，对小小更添了几分爱慕之心。阮郁沉吟片刻，依韵和了一首。小小知他是有才之士，便叫侍女摆开酒肴，两人对饮起来。阮郁本是风流才子，此刻面对美景，趁着酒意，随口吟出不少佳句。小小更是喜欢，停杯抚琴，曲调悠扬缠绵，传递着眷恋之情。

此后一连几天，小小和阮郁都在断桥相会。一个驱车前往，一个骑马相随，沿湖堤、傍山路，缓缓而游，好不快活。贾姨妈见小小和阮郁一见钟情，很是高兴，夸他们是天造地设的一对。小小说："他是相国公子，我是青楼歌妓，知人知面难知心啊！"等阮郁又来时，心直口快的贾姨妈当着小小的面，问阮郁会不会变心。阮郁紧执小小的手，指着门前的松柏道："青松作证，阮郁愿与小小同生死。"小小与阮郁来到西泠桥头，正当夕阳西下，飞鸟归巢之时，周围一片静谧，小小激动地轻声吟道：妾乘油壁车，郎骑青骢马。何处结同心？西泠松柏下。

当夜，由贾姨妈作主，两人定下终身。之后，选了个黄道吉日，张灯结彩，备筵设席，办了婚事。阮郁成婚的书信送到家中，阮道气得差点昏倒：堂堂宰相之子娶了歌妓，岂不被天下人耻笑！但山高水远，一时又奈何不得。阮道老谋深算，强按怒火，写了封信，连同一份厚礼，派人送至钱塘，交给阮郁。信中写道：小小既是品貌双全的才女，他并不反对这门婚事。还提醒阮郁不可贪欢于夫妻之情而荒了学业。阮郁、小小见阮道说得通情达理，才放下心来。过了些时日，阮郁又接到家书，说阮道因受风寒卧床不起。小小急忙打点行装，催阮郁回去探亲。阮郁赶回家中，见父亲安然无恙，不由奇怪。阮道怒骂道："你被贱女迷住心窍，我不略施计，你如何能回来？"不由阮郁分说，命家人将他关进书房。阮道又作主，为阮郁另择名门闺秀。阮母道："等你完了婚事，取了功名，再娶几个侍妾，也非难事，想那姑娘也不会怪你失信薄情吧？"阮郁低头不语。小小自阮郁去后，整日足不出户，左等右等总不见阮郁的信息。"夜夜常留明月照，朝朝消受白云磨。"小小只能吟诗以解愁闷。

春去夏至，小小才接到阮郁的信。只见她脸色苍白，双手微颤，眼里噙着两滴泪花，良久，才吐出一句："原来如此！"入夜，小小独自关在房中，饮一阵儿酒，抚一阵儿琴，间或抽泣几声，直到深夜才没了声响。贾姨妈放心不下，破门而入，小小已醉倒在床上，泪水湿透了枕巾。清晨，小小摇摇晃晃跨出家门，来到西泠桥上，望着湖上娇艳的荷花独自出神。贾姨妈跟了出来，扶住小小："男女之情往往薄似烟云，短似朝露，你千万要想得开，身体要紧。"小小似答非答道："我的心是干净的！"

从此以后，小小脸上少有笑容，性情变得更为冷峻孤傲，接待客人，言语之间更多调侃的冷笑。不想，倒反而传出个"冷美人"的名声。小小对山水的痴恋未变，只不过，她不再到热闹的景区，而专去人迹稀少之处。这一日，时值深秋，她来到红叶满山的烟霞岩畔。忽然，前面传来"叮当"凿石之声，她正要避去，那边有人喊骂，争闹起来。小小循声寻去，迎面是一个形如石屋的大石洞，一群凶神恶煞的家丁挥着皮鞭，正在殴打几个石匠。小小心中不忍，喊道："光天化日之下，为何打人？"家丁见小小仪态非凡，弄不清她是何等人物，停手道："小人奉我家老爷之命，在此督促石匠完工！"原来，富豪钱万才为了讨他老娘欢心，在这五屋洞壁上凿刻石罗汉三百六十五尊，以示他老娘天天敬佛、求取保佑之意。老娘七十寿辰将临，而石罗汉尚未完工，所以家丁赶来催促。小小见石匠们衣衫褴褛，疲惫不堪，便向家丁求情，宽容期限。钱万才正巧赶到，他冷言道："苏小小，你过去不卖我的面子，今天倒要我赏脸！"小小道："敬佛，心诚则灵，何苦难为这些匠人呢？"钱万才好笑道：

"你便是我的佛，你若肯跟着我，我便依你，如何?" 说着，来搂小小。小小怒极，顺手给他一个巴掌："佛面兽心的无耻之徒!" 钱万才暴跳如雷，一边喝令家丁动手鞭打匠人，一边抓过一条皮鞭扑向小小："身为妓女，才是无耻，今天我非要叫你尝尝我的厉害!" "住手!" 突然山坡上跳下一个人来："以势欺人，你眼中还有王法吗?" 钱万才定睛一看，来者是一贫寒书生。手一挥说："我的鞭子就是王法，给我打!" 家丁们一拥而上，鞭子劈头盖脑地向那书生飞去，却不料家丁们手臂一阵酸麻，落下的鞭子纷纷向四周甩出。还没等家丁弄清是怎么回事，脚底被什么一绊，一个个都跌倒在地，他们翻身爬起，又向书生扑去。那书生身形一矮，双拳齐出，一阵风似的又把一群家丁打得瘫倒在地。家丁们这才领教，那书生的武功好生了得! 鼻青眼肿的家丁们哼哼着，再也不敢动弹。钱万才的气焰顿时减了大半，但他还扬着鞭子，"哇哇" 乱嚷。书生一纵身，跃到钱万才身边，伸手捉住他的手臂，钱万才痛叫一声，撤鞭软倒，连喊："英雄饶命!" 书生微微一笑："命，你只管向你的佛去要，我只要你不难为匠人，让他们安心凿完，如数付给工钱!" "遵命!遵命!" 钱万才连连点头应允。"还有，你也不许难为那姑娘!" 书生的手握了一下，钱万才杀猪般叫了起来："一定! 一定!" 书生这才放手。钱万才带着家丁，抱头鼠窜而去。石匠们向书生拜谢，书生道："你们雕刻出如此精细的石罗汉，为湖山增色，我能饱此眼福，倒该谢你们呢!" 小小从没有见过如此豪爽仗义之人，不由大为敬慕，忍不住上前道："钱塘苏小小，拜谢先生相助。" 书生回礼道："学生鲍仁，久闻姑娘芳名，今日相识，果然名不虚传。" 小小道："如无不便，请到寒舍一叙。" 鲍仁爽快地答应了。小小家门前已等候着许多富家子弟，香车一到，便你请我邀，争闹不休。小小道：
"我今日已自请贵客，诸位请各自便。"小小请鲍仁直入镜阁，亲自
斟酒道："先生文武双全，心胸磊落，为何不去报效国家呢？"鲍仁
道："动乱之际，有力难效，何况我是将功名视作草芥的！"小小道：
"有为民作主之心，则英雄有用武之地。倘不能如愿，再复归山林，
浪迹江湖为时未晚！"鲍仁道："我恃才反愚，经姑娘轻轻点拨，茅
塞顿开。只是我饥寒尚且不能自主，功名二字从何说起？""先生如
不嫌弃，我愿助你赴京都应试。"小小取出百两银钱交给鲍仁，鲍仁
慨然收下，深深一揖告辞："姑娘之情，深于潭水，我鲍仁永生不
忘。""小小在此静候佳音！"说罢，小小亲自送鲍仁出门。鲍仁去
后，钱万才放出流言蜚语，百般诋毁小小，小小对贾姨妈说："任他
倒尽污水，不能伤我一根毫毛！"贾姨妈道："总要防着点儿才好。"

转眼到了雪花纷飞之时。上江观察使孟浪途经钱塘，他久闻苏
小小盛名，便叫了一只楼船，派人去唤小小来陪饮助兴。过了一会
儿，差人禀报，小小被人请去西溪赏梅了。孟浪十分扫兴。第二天，
差人早在苏家候着，一直等到深夜，小小喝得酩酊大醉被侍女扶了
进来。差人又去回复，孟浪很是恼火："如明日再推三推四，决不饶
恕！"第三日，差人再去，侍女说姑娘醉卧未起。

差人发急道："再不去，孟老爷要给她颜色看了！"小小在里间
听见，理也不理。孟浪闻讯，勃然大怒。他少年得志，本不把个妓
女放在眼里，如今连连碰壁，便摆出威风，要让小小吃儿点苦头。
孟浪便与县官商量。这县官老爷是钱万才的舅舅，对苏小小早已怀
恨在心，现在上面有人出头问罪，自然照办。县官派差人传唤小小，
速到孟观察使船上赔罪，而且必须是青衣蓬首，不准梳妆打扮。贾

姨妈怕小小惹祸吃亏，劝她屈就应付。

小小道："这帮狗官老爷，我与他们毫不相干，有什么罪可赔！"正说时，差人"呼呼"地打上门来，贾姨妈和侍女们吓得发抖，小小坦然道："也罢，我去走一趟，省得家中不安宁。"临行前，她从容地梳妆打扮了一番。孟浪邀了府县宾客在船上饮酒赏梅，忽听苏小小来了，赶忙正襟危坐，盘算着给小小来个下马威。随着一阵儿麝兰香味，小小如仙女飘进船来。满船人都被小小美丽的容貌、冷峻的神态震慑住了。

静寂了好久，孟浪才干咳一声道："苏小小，你知罪么？""我是烟花中人，哪里知道老爷们会对我如此厚爱，三请而不敢来，竟成大罪？"只一句话，孟浪便无言以对，只得威吓道："你要求生，还是求死？"小小调侃道："爱之则欲其生，恶之则欲其死，全在老爷手中，我怎能自定？"孟浪不禁得意起来："利嘴巧舌，并非实学，我倒要看看你的真才如何。"他要小小以梅为题赋诗。

小小不假思索，信口吟道："梅花虽傲骨，怎敢敌春寒？若要分红白，还须青眼看。"诗意隐含眼前之事，且又不卑不亢，孟浪不由暗暗折服小小的才智。孟浪性子虽烈，倒还有几分惜才之心，他见小小楚楚动人，便息了怒气，挽过小小，邀她入席。县官在一旁冷笑，他受钱万才之托，早就想加害于小小。酒宴直到天明才散，孟浪启程。县官立即派人在归途中将小小截住，并以借诗讽喻、藐视朝官罪，殴打唆使罪判小小入狱。

贾姨妈用银钱周旋，使小小免受狱内之苦。但她体质本弱，加上气愤，关了数月，便生起病来。这一日，牢房内进来一人，小小抬头一看竟是阮郁。阮郁途经钱塘，闻讯赶来营救，小小转身不睬。

当阮郁说到愿娶她为妾时，小小再也忍受不了，鄙视地说："这里可没有青松为你作证。"

阮郁脸色涨得通红，长叹一声，怏怏地走了。半年后，小小出狱回家。她来到石屋洞，望着石罗汉，勾起了与鲍仁相识的往事，小小又病倒了。她无力乘车游湖，只能靠在床上，眺望窗外景色。转眼又到了夏荷盛开的季节。夜幕垂窗，娇艳的荷花在月光下显得格外纯净可爱，小小不禁轻轻吟道："满身月露清凉气，并作映日一喷香。"贾姨妈见小小病情垂危，问她："你交广甚多，不知可有什么未了的事？"

小小感慨道："交际似浮云，欢情如流水。我的心迹又有谁知？小小别无所求，只愿埋骨于西泠，不负我对山水的一片痴情。"小小说罢，含恨逝去。安葬时日将到。这天，几个差人飞马来到小小家，问道："苏姑娘在家么？滑州刺史前来面拜。"贾姨妈哭道："苏姑娘在家，只可惜睡在棺木之中。"

差人大惊失色，飞马而去。不多时，只见一人穿白衣，戴白冠，骑着白马而来，到西泠桥边下马，步行至小小家门前，一路哭将进来。他奔到灵堂，抚棺痛哭："苏姑娘，为何不等我鲍仁来谢知己，就辞世而去？老天不公，为何容不得你这个有才有德有情的奇女子！"直哭得声息全无。贾姨妈含泪相劝，鲍仁道："人之相知，贵乎知心，知我心者，唯有小小。"贾姨妈道："有鲍相公这番话，小小在九泉之下，也当瞑目了。"贾姨妈又说了小小的临终遗愿。鲍仁这才强压悲哀，请人在西泠桥侧选地筑墓修亭。

出殡下葬之日，夹道观看者不计其数。鲍仁一身丧服，亲送小小灵枢，葬于西泠桥畔。鲍仁亲撰碑文，写出苏小小一生为人，以表明她的高洁人格。临行前，鲍刺史又来哭祭道："倘不能为民作主，我鲍仁定来墓前厮守。"湖山此地曾埋玉，花月其人可铸金。

从此以后，苏小小的芳名与西湖并传，天下游人每到西汀桥畔，都会发出多少感慨！

杨玉环——一骑红尘妃子笑

风流天子唐玄宗这天异想天开地脱光了衣服和几十个妃子在华清池洗浴，数十条皓腕齐舒，数十个玉肩斜部，可惜他最宠爱的妃子梅妃却因身体虚弱，不胜其繁，晕倒在池中，令唐玄宗情致顿消。唐玄宗快快地沿着回廊朝行宫走去，他一抬眼间，只见一女子，露着上半身，隔着廊儿，在花窗下斜倚着。

看那女子背着身子，云鬓半偏，衬着苗条儿的腰肢，已是动人心魄，待她一回过脸来，那半边腮儿，恰恰被一朵芙蓉花儿掩住，露出那半面粉靥来，娇体丰润，也分辨不出花光人面，不知不觉把玄宗的魂儿绊住，不由自主地向她走去。那女人却也放刁，且不即不离地往前走去，总与玄宗保持着一段距离，害得那高力士也只好默不作声沿着回廊走，这回廊叫织锦廊，建造巧妙，终于转过一弯，高力士就只见怔怔地一个唐玄宗站在那儿。这害得唐玄宗神魂颠倒的人就是后来出尽风头的杨玉环。她生于唐玄宗开元六年的蜀州，在东都洛阳长大，她本是唐玄宗儿子寿王的妃子，这次是随寿王到华清池避暑。

唐玄宗好不容易挨过了一夜，第二天清晨便离了寝宫，出御便

殿，悄悄地把高力士召进来。高力士原眠息在殿帷中，一听圣上召
见，便急急进殿，一看万岁爷孤凄凄地一个人坐在屋里，便知道他
昨夜失眠，心中不禁惊慌，跪在一旁，半晌才听到玄宗打着手掌说：
"这美人儿真可爱！叫朕心下好难抛！"高力士才知道问题出在杨玉
环身上。赶紧奏道："万岁若爱那杨氏，奴才却能替万岁爷去召进宫
来见一面儿。"玄宗叹气："咱们翁媳见一面儿有什么意思，眼见这
相思病害到底了！"见如此说，高力士眼珠一转便得了主意，抢上一
步，附在玄宗耳边说出一番话来，玄宗听了连声称赞："好主意！好
主意！朕便依卿的主意行去。"

这边主意一定，那边杨玉环就把寿王府闹得天翻地覆。原来高
力士买通了杨玉环的两个贴身丫环，时时劝杨玉环丢下寿王，进宫
去得万岁爷的宠爱，杨玉环本就享荣华的心重，爱寿王的心薄，她
在华清池宫中，见皇帝对着她露出痴痴癫癫的样子来，不觉也感动
了她的柔肠，决意与寿王决绝，终于杨玉环离开了寿王，先到华山
做了一个女道士，过渡一下便被接进唐玄宗的宫中。杨太真的名字
也就是这样得来的。

云鬓花颜金步摇，芙蓉帐暖度春宵。
春宵苦短日高起，从此君王不早朝。

又一个春风细雨的夜晚，唐玄宗走进杨贵妃寝宫，红烛高烧，
绣帏低挂，杨玉环只穿一领杏绿小衣，烛光摇曳，别有丰采。唐玄
宗且不唤睡，就灯光下面细细地把玩杨氏姿色，一会儿从怀中取出
一支金钗，一个钿盒来，递给杨玉环，说道；"朕与爱卿偕老之盟，

今夕伊始；特携得金银钿盒在此，与卿定情。"

并提笔写道："端冕中天，垂衣南面；山河一统皇唐，层霄雨露回春，深宫草木齐芳。升平早奏，韶华好付乐何妨？愿此身终老温柔，白云不羡仙乡。"

一时兴起，又传令李龟年把这词儿谱入曲中歌着。李龟年才思敏捷，当下也制成两阕歌词，依着笙箫，分两队唱了起来。第一队姬人齐趁着娇喉唱着："寰区万里，遍征求窈窕，谁堪领袖嫔嫱？佳丽今朝天付与，端的绝世无双！思想，擅宠瑶宫，褒封玉册，三千粉黛总甘让，惟愿取恩情美满，地久天长！"这一队歌声才歇，那一队接着唱道："蒙奖，沉吟半响，怕庸姿下体，不堪陪从椒房，受宠承恩，一霎里身判人间天上。须仿傚冯当熊，班姬辞辇，永持彤管侍君旁。惟愿取恩情美满，地久天长！"这两部歌姬，一唱一答，唱得悠扬夺耳。三宫六院无处不听到歌声。

唐玄宗本是音乐中的圣手，"梨园弟子"就出自他的名下，更以一部《霓裳舞衣曲》而名重乐坛。说起"霓裳舞衣曲"还有一段传闻。原来唐玄宗爱梅妃，梅妃曾作惊鸿舞，唐玄宗十分喜爱，直到宠上杨贵妃后还时时欣赏，于是杨贵妃暗地里醋劲儿大发，害怕唐玄宗重新爱上梅妃，将自己抛弃，她的这番苦心感动了天上月中嫦娥，便传她这首曲子，盖过了梅妃的惊鸿舞。

第一阕是：

"骊珠散迸入拍初，惊云翻袂影，飘然回雪舞风轻，飘
然回雪舞风轻。约略烟蛾态不胜。"

第二阕是：

"珠辉翠映，凤翥鸾停。玉山蓬顶，上元挥袂引双成，上元挥袂引双成，萼绿回肩招许琼。"

第三阕是：

"音繁调骋，丝打纵横。翔云忽定，慢收舞袖弄轻盈，慢收舞袖弄轻盈，飞上瑶天歌一声。"

真个如敲秋节，似戛春冰。

月中嫦娥是否传过杨玉环曲子似不可考，但杨玉环醉排风流阵却是真的。唐玄宗自领小太监百余人，杨玉环也带着宫女百余人，排成两阵，拿霞帐锦被缚在竿头，代做旗号。另有一班小黄门，在阶下击鼓鸣金，做两阵进退之号。进时，小太监和宫女互相扭结，各不相让。打败的，罚饮酒一巨杯。一顿堕冠横钗，娇声叱咤，就连高力士在一旁看了也认为是不祥之兆。但唐玄宗从来就是只要杨玉环把题目出出来，他就一定会解题，不避嫌忌。当时都中妇女，一至春日，多不守闺门，女伴数人，相约野步嬉游。遇有名花，便设席藉草，各出美酒佳肴，共相劝饮。防有外人闯入，便解下红裙，连结成帏遮蔽着，称作宴幄。

杨玉环的风流还把诗仙李白引进宫中。一次杨玉环制清平乐曲，苦无词句，唐玄宗立即想到贺知章推荐的李白，太监在街上用清水喷醒酩酊大醉的李白，衣冠不整的李白被带进内宫，乘醉在玉笺上写成清平调三阕：

其一：

云想衣裳花想容，春风拂槛露华浓；
若非群玉山头见，会向瑶台月下逢。

其二：

一枝红艳露凝香，云雨巫山枉断肠；
借向汉家谁得似，可怜飞燕倚新妆！

其三：

名花倾国两相欢，长得君王带笑看；
解释春风无限恨，沉香亭北倚栏干！

　　词章深得杨玉环的喜欢，从此李白常常出入宫中，更曾作过宫中行乐词八首，据传杨玉环与李白还有过一腿。

　　唐玄宗宠纵杨玉环到了，无以复加的地步，曾经为了让李白替杨玉环写歌词逼着高力士替李白磨墨、斟酒、脱鞋，要知道高力士权倾朝野，此时朝廷内外权臣共有四人：一是林甫，二是杨国忠，三是安禄山，四是高力士。为了杨玉环，唐玄宗竟几次搞得高力士十分难堪，一次杨玉环一时兴起，竟要高力士唱歌制曲，高力士知道一个太监唱起歌来定会十分难堪，首先就嗓音不对，坚决不唱。杨贵妃当着唐玄宗的面，借着他的威势，开口就要打高力士一百个嘴巴，一千下屁股，虽然没有打足实数，也打得高力士血肉横飞，声声哭救。

杨玉环爱吃鲜荔枝。唐玄宗宠爱杨贵妃更表现在不远千里、不惜工本，诏令岭南节度使专责其事，设飞驿传送岭南荔枝，让杨玉环吃上鲜荔枝。

> 长安回望绣成堆，山顶千门次第开；
> 一骑红尘妃子笑，无人知是荔枝来。

荔枝一过七日就不再新鲜，为了让杨玉环浅浅的一笑。不知累死了多少马匹，累死了多少儿郎，踏坏了多少庄稼。杜牧的诗未免还写得太轻松了些。应该是："杨娘娘杨娘娘！只为这几个荔枝啊，铁关金锁彻夜开，黄纸初飞敕字回，驿骑鞭声害流电，无人知是荔枝来。"

唐玄宗对杨贵妃是："后宫佳丽三千人，三千宠爱在一身。金屋妆成娇侍夜，玉楼宴罢醉和春。姐妹兄弟皆列士，可怜光彩生门户。遂令天下父母心，不重生男重生女。"自杨玉环被封为贵妃，她已死的父亲被追封为大尉齐国公，叔父被拜为光禄卿，兄弟杨铦为鸿胪卿，杨锜为侍御史，杨钊为司空，长姐玉佩封为韩国夫人，三姐玉筝，封为虢国夫人，八姐玉钗封为秦国夫人。

> 虢国夫人承主恩，平明骑马入宫门；
> 却嫌脂粉污颜色，淡扫蛾眉朝至尊。

虢国夫人在宫中出入，那帮命妇公主，见了都排班站立，不敢就坐，她的府中常有各地州官进献珍宝，奔走请托，门庭若市，财币山积。一次虢国夫人从宫中回府，遇到公主与驸马的舆驾，双方各不让道，大打出手，唐玄宗圣旨下来，居然是追夺公主的封物，革去驸马独孤明的官职。唐玄宗宠着虢国夫人，暗地里背着杨玉环更与虢国夫人睡在一起，并笑对宫女说："尔等爱水中鸂鶒，争如我被底鸳鸯。"杨玉环心知肚明，喝着暗醋。一次唐玄宗又叫杨玉环以姐妹名义召虢国夫人进宫，杨玉环不仅不肯奉诏，并由此和唐玄宗闹了起来，闹出一件天大的事来。唐玄宗一怒之下，要高力士把杨玉环退回杨钊，也就是杨国忠的府中。

杨国忠是杨氏家族中另一位著名人物，素性淫恶，少年时在家乡永乐地方饮酒赌博，银钱到手辄尽。后来又去投军，强横多力，临阵十分勇毅，但在军中平日专门欺弄良懦，结交无赖，鱼肉人民，终被革除军职。又曾到鲜于仲通家做管家，因克扣雇工银钱逃回家乡，住在杨玉环家中，一方面在外面养个粉头，一方面和杨玉筝，也就是现在的虢国夫人私通。这时杨玉环因虢国夫人闹出事来，贵为丞相的杨国忠便是最合适的调解人，要知道杨氏一门的祸福都系在杨玉环的身上，他与高力士通力合作，终于又使得唐玄宗带着杨贵妃到华清池沐浴，杨玉环那露在水面上的半截玉体，好似出水荷花，清洁娇艳。在二十六岁的杨玉环回眸一笑中，唐玄宗烦恼顿消。

唐玄宗的英明睿智渐渐消磨。在他前期有两个著名的宰相姚崇、宋璟，出现开元盛世；而在他的后期，则有两个著名的奸相李林甫、杨国忠，终于酿成天宝大乱。

有个成语"口蜜腹剑"最初就是形容李林甫的，他为人阴密，好诛杀，喜怒不现于面。初相见的人总觉得他和蔼可亲，可胸中却崖井深险，心不可测，每兴大狱，连坐数百人。他的儿子李岫深明大义，看到他父亲权势薰灼，心常畏惧，曾向父亲进言："大人居位久，积棘满前，一旦祸至，那些被你害的人都不可得了！"李林甫闷闷不乐，斥责儿子："势已如骑虎，毋多言！"唐朝宰相原本丰功隆德，不务权威，出入骑从减少，人民见宰相车马，不加躲避；到李林甫，因结怨太多太深，时时担心刺客，每当出入必以驺骑先事清道，百步传呵，人民避走，宰相府第，皆重门复壁。李林甫的卧室更是一夕数变，就是家人都不知他睡在哪里。开始杨国忠势力远不如李林甫，便勾结安禄山对抗李林甫。

安禄山是营州柳域地方的少数民族人，他的得势也与杨玉环有关。杨玉环最爱安禄山白嫩的肥肉，后来不知怎么地杨玉环居然成了安禄山的干娘，甚至到后来玄宗不在宫中，安禄山也时时进宫朝见杨玉环，杨玉环赐安禄山在华清池洗浴，浴罢用杂色碎锦，结成一小儿摇篮，令安禄山装作孩儿模样，卧在摇篮中。数十个宫女，抬着摇篮来到杨玉环跟前，安禄山口中唤着妈妈。据说越是丽质天生的女人，越是喜欢狂风骤雨式的爱情方式，近乎饿虎扑羊般的野蛮动作，愈能赢得芳心的强烈震撼，安禄山与杨贵妃便是如此。

一次玄宗见安禄山肚腹肥大，便问："吾儿腹中何物，却如此庞大？"安禄山应声答道："臣腹中更无他物，唯赤心耳！"四五十岁的安禄山因有杨玉环这位二十多岁的妈妈，从此飞黄腾达。

原来因为杨玉环的关系，杨国忠、安禄山联合起来对付李林甫，李林甫一死，杨、安之间的矛盾激化，有两虎不相容之势，杨国忠时时在玄宗面前讲安禄山的坏话，杨玉环爱护情郎，居然把哥哥的话传给安禄山，安禄山渐起反意。唐玄宗渐知安禄山有反意，但每次听了杨玉环的劝谏，还是想望安禄山会回心转意。杨玉环把朝中政局弄得一团糟。

"渔阳鼙鼓动地来，惊破霓裳羽衣曲。九重城阙烟尘生，千乘万骑西南行。"七五五年，安禄山在范阳造反，诉杨国忠有二十条大罪，起兵二十万向长安进发。

潼关不守，长安震动，在一个细雨迷蒙的盛夏清晨，唐玄宗带着丞相韦见素、杨国忠、杨玉环姐妹及少数卫军，出长安延秋门西行，来到马嵬坡，军士持戟鼓噪，请诛杨国忠以谢天下，杨氏一门终于被枭首碎尸，但鼓噪仍未平息，玄宗策杖出来，行在都虞候陈玄礼奏称："国忠既诛，贵妃不合侍候陛下，请赐其死以塞天下怨。"杨玉环为情势所迫，乃以白绫一束，自缢于驿馆院中的梨树下。

六军不发无奈何，宛转蛾眉马前死。花钿委地无人收，翠翘金雀玉搔头。君王掩面救不得，回看血泪相和流。

"安史之乱"平定后，唐玄宗已成为太上皇，他的儿子在动乱中称帝，就是唐肃宗。唐玄宗对杨玉环思念不已，唐代大诗人白居易为此作《长恨歌》。

在这首长篇斜事诗里，作者以精炼的语言，优美的形象，叙事与抒情结合的手法，叙述了唐玄宗与杨玉环的爱情悲剧；他们的爱情被自己酿成的叛乱断送了，活着的唐玄宗没完没了地吃着这一精神苦果。"鸳鸯瓦冷霜花重，翡翠衾寒谁与共。悠悠生死别经年，魂魄不曾来入梦。""夕殿萤飞思悄然，孤灯挑尽未成眠。迟迟钟鼓初长夜，耿耿星河欲曙天。""天长地久有时尽，此恨绵绵无绝期。"

但关于杨玉环的后事，还有一说就是她并没有死，有人曾分析出六大点理由来。更有人传说安史之乱的时候，杨玉环被日本商人趁返国之便把她弄到了日本。至今日本还保存着许多杨贵妃的传说、器物、庙宇、坟墓及好几本有关她的书，她到日本那年才三十八岁，整整在日本的政坛上又活跃了三十年，到六十八岁才极尽哀荣地死去，一直到今天，日本人仍认为杨玉环是中国最美的女人。

总讲盖棺论定，但历来都难，杨玉环也不例外，表扬她的和为她鸣冤的如徐夤和狄昌：

徐诗：

当年从龙如从云，只有杨妃死报君。
势穷一身殉社稷，中兴应作荩臣论。

狄诗：

马嵬烟柳正依依，又见銮舆幸蜀归；
地下阿瞒应有语，这回休更怨杨妃。

就连白居易在《长恨歌》中也对杨玉环寄予同情。

但批评她的也有，如："及玄宗平内难，开元之始，几于家给人足。而一杨贵妃足以败之。虽安史之变，不尽由于女宠，然色荒志怠，惟耽乐之从，是以住用非人而不悟，酿成大祸而不知，以至渔阳鼙鼓，陷没两京，而河朔之镇，从此遂失。"

秋香三笑结良缘

唐伯虎、沈周、文征明、仇英，号称"吴门四家"。其中领衔人物是有"江南第一风流才子"之称的唐伯虎。

唐伯虎与无锡华府美婢秋香结下的三笑姻缘，也是世传美谈。

华府的主人是明武宗正德年间的翰林学士华虹山，为人清雅，取仕而家居，府第设在家乡无锡郊区。华家家境殷实，仆侍如云，婢女也不计其数，而最出色的要数华夫人手下的四香，她们分别是春花、夏荷、秋月、冬梅，又称为春香、夏香、秋香、冬香。四香在华府中有特殊的地位，她们只为华夫人一人服务，而且仅做一些轻巧精细的活计，还可调派府中其他仆侍。四香之所以能享此殊荣，除了因为她们模样儿长得周正可爱，主要的还是因为她们心灵手巧，口舌伶俐，做事细致周到，深得华夫人的赏识。

而四香之中最为优秀的就要算秋香了，秋香自小父母双亡，在华夫人身旁长大，不但人长得秀美娇俏，而且聪慧机敏，善解人意。华夫人有什么意图，有时并不须说出口，秋香便能心领神会，办得妥妥帖帖。华夫人是知书识礼的名门淑女，受她的影响，秋香也略能识文断墨，而且神情举止，也染了不少大家闺秀的气韵。所以华夫人对秋香犹为看重，把一些重要的事项都交给她安排，自己也把她看成是半个贴心的女儿。

这年春天，好善信佛的华夫人特往茅山古寺进香拜佛，随行的有四香和其他一些仆从。茅山又叫句曲山，位于江苏省句容县东南，半山上有一座古庙，香火非常旺盛。华夫人一行，从无锡乘船，直到戚墅堰河渡口停住，舍船乘轿东行。一大群仆从拥着几乘华轿逶迤而行，经过句容县城时引得不少人驻足观望。句容城中熙熙攘攘，很是热闹，坐第二轿中的秋香一时兴起，悄悄掀开轿帘一角，向外张望。这一望正看见市边有一群少年围成一团，争相请一位年轻公子在他们准备好的素扇上作画，一个个争先恐后，好不有趣。被围在中间的那位年轻公子似乎兴致很好，手拈一枝画笔，神清气闲地左涂右抹，每每只需几笔，就能画好一个扇面，得了画的人一个个小心翼翼地捧着，像是得了什么宝贝。见此情景，轿中的秋香不由得嫣然一笑。这一笑本是无意，却不料这时那作画的公子恰好抬起头，正正受了这一笑。作画的公子似乎受宠若惊，呆呆地望着轿子，手中的画笔不知不觉也蹭到围在他身边的那些人的衣服上了，竟也不知收回。轿里的秋香，见自己的一笑竟被人察觉连忙放下轿帘，规规矩矩地坐在轿中。

　　为人作画的公子，怔怔地目送着轿子远去，却再也无意画画，收笔就走，也不管那些没得到画的人怎样苦苦相求。这位作画的公子，原来就是堪称"江南第一风流才子"的唐伯虎。唐伯虎名寅，伯虎是字，自号六如居士，独禀异秀天资，才情横溢。不但写的文章风采俊逸，特别是能画一手绝妙的山水人物画，他作画随兴致所至，风格飘逸，笔调恣肆，被人称为神来之笔，是当时人们争相收藏的妙品。明孝宗弘治年间，唐伯虎曾应乡试，荣登榜首，成为举人之魁——解元，而他并不着意于继续努力进取，才高气傲，性格落拓不羁，常醉心于诗酒书画，流连于风花雪月，过一种放浪随意的日子。

　　这个春花烂漫的季节，他约了二三个好友，同船到茅山游玩，从茅山古寺归来的路上被人认出，硬缠着他题画。唐伯虎被一路春色感染，心境十分爽朗，也正手痒着想画上两笔，所以欣然应允，接过别人早已备好的纸笔开始抒写心中的春情。谁知他一开了头，竟收不了尾，周围那些喜欢附庸风雅的人不断闻信赶来，直让他应接不暇，但他依然兴致勃勃。

然而，秋香那迷人的一笑，却使他的画兴戛然而止，所有的心思都只顾得回味那摄人心魂的一笑了。回客舟的路上，他满脑子里都是刚才稍纵即逝的那一幕。身为风流才子的唐伯虎对女人的风韵可以说是历经颇丰，但无论大家闺秀、还是小家碧玉，谁都比不上刚上轿中那位女子的浅浅一笑更让他动心。虽然他不了解那女子的身份，可那端庄俏丽的脸蛋，蕴含着盈盈秋水的大眼睛，真让人看了着迷。尤其是那一笑，娇而不媚，艳而不俗，似乎展开了一片春意盎然的天地，怎不引人想要融入其中。

唐伯虎闷闷不乐地回到舟中，几个友人正等着他，准备在舟上休息一夜后，第二天起航返回苏州。这一夜，唐伯虎神思迷离，转侧难眠，想到夜半时，忽然生出一条妙计。他稍稍合计后，猛然大叫一声，翻声坐起，狂呼不已，捶首顿足。同舟的友人被他惊醒，急忙拉住他，问其何故；唐伯虎故意迷糊了半天，才心存余悸地说："刚才梦中见到一员天神，红发獠牙，身高丈余，手持一硕大金杵，直朝我打来，说我进香不虔诚，得罪了天帝，派他来责罚我。我叩头再三哀求，他才勉强说今日姑且饶过我，但必须在天明时，只身持香，沿途礼拜，到茅山古寺中谢罪，否则再来惩罚我。"友人纷纷宽慰他不必放在心上，但唐伯虎依然不放心，坚决地说："还为遵奉神教，明日独自上山进香，你们可以驾舟先回，不必等我。"好友拗不过他，便同意了他的建议。

第二天一早，唐伯虎离舟登岸，又返回句容城中，委婉地向人打听昨天招摇过市的那队人的情况。终于得知，原来是无锡华学士夫人所率进香的队伍，而其中最美的乃是华夫人的爱婢秋香，唐伯虎认定那莞尔一笑的姑娘就是秋香。

唐伯虎并不因秋香是一位婢女而有退却的念头，他已认准那是个蕙质兰心的姑娘，绝不因为她的身份低贱而改变看法。探知华家的画舫明日一早将启程返回无锡，唐伯虎便悄悄雇了一叶小舟，让船夫将舟靠近华家画舫停泊。又是一个无眠之夜，可一想到悠然神往的美人就近在咫尺，心中有几分踏实，又有几分悸动。整整一夜，想入非非，思绪在半梦半醒之间飘浮。

晨曦微露时，唐伯虎爬出狭小的船舱，到船头上坐下，四周水面上晓雾朦胧。画舫和小舟都像飘荡在云雾缭绕的仙境中，令他更加心荡神移，幻想着自己与佳人在天宫云端相拥。就在唐伯虎心猿意马时，猛地一盆冷水从天而降，浇在他的头上，他骤然惊醒抬头望去，却恰好看见那秋香站在画舫舱窗前，端着脸盆在发窘。本是生出一股火气的唐伯虎，见水是从美人手里泼出，顿时火气消散，仿佛觉得那水是一股醇香的清醴，美美地滋润了他的心头，望着美人深情地露出笑容。

那画舫上的秋香因晓雾遮掩，不小心把洗脸水泼在临船客人身上。正不知所措时，见那客人抬头，却是前日里在街上过看到的那位题画公子，此时淋成了落汤鸡，不但没责怪自己，反而对自己微笑，当下心生庆幸，也悠然报之一笑。

唐伯虎又被这灿烂的一笑迷住了，待他镇定下来想搭腔时，秋香已落下画舫窗纱，画舫也缓缓起动了。唐伯虎急忙吩咐船夫操桨紧随其后，并掏出一锭纹银抛到船夫手中，船夫领会其意，卖力地划着桨，紧紧尾随着画舫前行。

一路顺风船速，晌午过后，画舫和小舟同时抵达无锡，在行船过程中，再也没见到秋香姑娘露面，唐伯虎只感心中空落落的。

画舫停稳后，华夫人在众婢女的簇拥中下了船，登上前来迎接的华轿。婢女中的四香也是坐轿的，只是轿子略小一些，服侍夫人上了轿后，四香转身各上自己的轿子。秋香转身的时候，一抬眼，正望见也已下了船、正站在那里不知所措的唐伯虎，见他那副痴痴呆呆的神情，又不由地意味深长地对他一笑，然后上了轿。她这第三笑，真让唐伯虎欣喜若狂，素不相识的美人，竟对自己一笑、二笑、三笑，定是笑中有深意。于是，他紧追着秋香的轿子往前走。转眼来到朱门高耸的华府门前，几乘轿子和后面跟着的一大群仆侍鱼贯入门，唐伯虎跟在后面居然毫不思索也往里迈步，被守门的仆人拦住，他才回过神来。

怎样才能见到牵肠挂肚的美人呢？唐伯虎也曾想递上名贴直接拜访华学士，以他的名声，必然受到礼遇。可那样的话又怎样去向人家求见一个婢女呢？思前想后，他想出一条"苦肉计"。

首先，他到当铺买下一套洗得发白了的蓝布儒衫穿上，然而酝酿了半天情绪，来到华府门前不远处，双眼含泪地踱来踱去。这一招还真灵，不一会儿，就有好心人上来问他的情况，他佯装无奈地诉说："小生本是苏州人士，埋头读书，别无他长，谁料天降横祸，父母相继去世，小生生计无着，特来无锡投奔亲戚。偏偏亲戚家又已搬迁，找不到下落，我已身无分文，走投无路了！"说完呜咽咽地悲哭起来。围观的人同情地安慰他，心软的人还陪着他落下几滴泪。围观的人群中有一位华府的管家，他见眼前书生眉清目秀，颇有灵性，如今落魄到这地步，确实可怜，便想帮他一把，于是上前道："公子如果不嫌弃的话，我倒是有个地方可让公子权且安身。"旁边的人认出他是华府的管家，纷纷奉承他有办法。唐伯虎一听是华府的管家，心中暗暗高兴，急忙擦干眼泪，揖首答谢道："承蒙大伯提携，只要有安身之所，还有什么嫌弃！"华府管家被众人捧得很受用，拈着胡须说："我家老爷正想为两位公子请一位伴读的书童，公子不嫌辱没清名的话，我可向老爷举荐。"唐伯虎连忙上前千恩万谢。

就这样，通过管家的推荐，唐伯虎顺利地通过了华老爷的测试，当上了华家两位少爷的伴读，并获名华安。

华家老爷学富五车，才识俊雅。两位儿子却难承家学，不但天资愚钝，而且懒惰贪玩，请了个老学究教了他们十几年，依然写不出勉强通畅的文章，华老爷十分失望。现在请了个灵秀的书童华安为儿子伴读，也希望两个儿子能沾染些灵气，稍有长进。无奈这两个草包公子根本不肯把心思放在读书上，他们欺负老学究先生年老眼花，只要先生一不注意，便你看着我，我望着你，挤眉弄眼，或对着窗外的天空发呆，甚至还偷偷溜到前面，把先生的茶杯中倒上墨汁，让老先生喝得满嘴乌黑，他们在下面掩口窃笑，老先生还莫名其妙。"

唐伯虎深知华家两位公子确是"朽木不可雕也"，因而也不想用心督促他们读书，只是一味顺着他们，倒也颇得两位公子的欢心。

表面上在书房伴读，唐伯虎的一颗心天天都在寻找秋香的踪影，可一个月过去了，竟连秋香的气味也没闻到过。原来事出有因，华家两位傻公子虽不善念书，却是拈花惹草的好手，兄弟俩都沉迷于家婢秋香的美艳，总是想方设法找她纠缠，为了她兄弟俩还动起拳脚。华夫人对两个不争气的儿子十分生气，一怒之下，下令不许他们踏进内院半步，而秋香为免是非，除了陪华夫人外，也尽量少到外院来。难怪唐伯虎进了华府，却难见华秋香一面。

　　一天，老学究先生外出会老友，临走时给两位公子布置了一个题目，让他们各写一篇文章，等他回来检查，而且还要送到华老爷那里去审查。这一来，吓坏了两位公子，先生检查他们不怕，可一说老爹还要过目，可把他们给镇住了。老爹家法甚严，弄不好是要挨板子的。老先生一走，两位公子也不敢跑出去游逛了，老老实实坐在桌前，歪着头，啃着笔，卿卿哼哼，老半天也写不出一个字。这时，华安给他们送了茶水点心进来，看着他们愁眉苦脸的样子，暗自发笑。大公子见他面带嘲意本想发火，却突然灵机一动，记起父亲曾说过这华安尚有几分灵性，那何不叫他动笔代写一篇文章。拿定了主意，大公子连忙起身，把华安拉到椅子上坐下，央求道："今日请你写篇文章，日后大大有你的好处！"一旁的二公子听了，马上跳将起来，扯住华安的另一只手嚷着："也给我写一篇，今日就有你的好处！"兄弟俩你拉我扯，死缠硬磨。唐伯虎见他们实在是可怜，而写这么两篇文章对他来说不过是小菜一碟，于是半推半就地答应下来。两位公子一看找到了救星，大大地吁了口气，连忙磨墨的磨墨，打扇的打扇，恭恭敬敬地伺候着华安动笔。唐伯虎大大咧咧地坐下，看了看题目，拿过笔，不消一刻时间就完成了两篇文章。两位华公子是任务完成，也顾不得看上一遍（反正他们也看不出什么好坏来），便拉上劳苦功高的华安。溜到街上喝酒取乐去了。

　　下午时，老先生从外面回来，两位公子得意地递上华安代作的文章。老先生摇头晃脑地看过一遍，直称："大有长进，大有长进！"忙喜滋滋地送到华老爷处请功。华老爷看过后，也十分欣赏文章的才气，但他马上明白了这定不是两个傻儿子所作，必是有人代为执笔。华老爷命人叫来两个儿子，稍加审问，便露出破绽，公子只好如实交待是华安代作。华老爷命家人给两位公子赏了板子，打得两位公子"哎哟"连天。站在一旁的老先生为此事甚感惭愧，他对两位公子也失去了信心，当即提出辞职回乡。华老爷略事挽留后，又顺水推舟来应了老先生的请求，这时他心里已有数，小华安完全可胜任西席一职。

从此，华安便穿上长袍，做起了华家公子的西席教师。唐伯虎早已摸透两位公子的底细，干脆因材施教，从认字作对开始教起，并不急着让他们背枯涩的古文，写大段的文章。如此一来，两位公子竟然还日渐有所进步，华老爷非常欢喜，大大赞赏了华安。

在华府的日子虽然过得逍遥自在，可总也无缘见上牵魂的佳人一面，唐伯虎只感度日如年。转眼已是秋凉，焦急之中，他终于想出一个办法。这天吃过午餐后，华安求见华老爷，华老爷请他落座后问有何事，华安吞吞吐吐地说："我想告辞还乡。"华老爷所料不及，只以为是两个儿子得罪了先生，忙问："是不是两个畜牲惹先生生气了？"华安连忙否认："哪里！哪里！"

华老爷追问："那是何故？"华安略带羞涩地表露："我年龄渐大，想回乡完婚。"

一听是为这个，华老爷放心了，这时他的两个儿子已少不了这位先生，待问明华安在家乡并无婚约时，他开口道："完婚也不一定非要回家，老夫在这里给你择佳丽而娶，不是更方便吗？"

这话正中唐伯虎下怀，他忙叩首相谢，做感激的样子说："多谢老爷美意！其实不必大费周折，在府中择侍儿相配即可。"

华老爷见他要求并不高，当即答应下来，并马上下令召集府中所有丫环候选。

府中丫环们听说是西席华安选妻，大家心情都非常激动。因为华安的英俊多才早已传遍了华府，若能与他为妻，那自然是丫环们的幸运。不一会儿，几十个打扮得花枝招展的丫环在大厅里站成了几行，华老爷让华安仔细挑选。

唐伯虎心中也有几分颤动，想到佳人马上就会呈现在眼前，不由得加快了脚步。待他一个个仔细看过了一遍，却是大失所望，里面哪有秋香的影子！这是为什么呢？原来是华夫人舍不得让她手下的四香离开，所以老爷下令丫环们集合时，她留下了四香不让去。

唐伯虎没找到秋香，十分失望地回到小厅中，朝华老爷摇头。华老爷见他没有选中，出来一看，才知道最出色的四香没来，忙派人到内院去叫。

华夫人无奈，只好放四香出来，本来秋香不愿意出来应选，她表示愿意伺候夫人一辈子，可是老爷有命，夫人也不敢留住她。

四香一同走入大厅，的确是个个貌若天仙，艳似桃花，把其他丫环比得黯然失色。唐伯虎闻声出来，从四朵花中，一眼就认出了让他朝思暮想了大半年的秋香。秋香也认出是有过三次照面的那位公子，不由得羞红了脸。

婚事很快就定了下来，中秋月圆之日，华家张灯结彩，为两位佳仆举办了婚礼。气得两位公子直咬牙，美人竟落到华安这小子手里了。

两人的新房设在后花园的一座僻静小屋中，待闹新房的客人散去后，房里只留下半带醉意的一对新人。秋香问道："看你当日是一个锦衣公子，为何落到华府为奴？"唐伯虎狡黠地一笑说："还不是为你那三笑！"秋香娇羞切切，喃喃道："当初见你在街上题画，君挥汗如雨，却气度娴雅，料想君非凡士，故而一笑！"

唐伯虎赞叹道："爱卿真是好眼力，我乃唐解元呀！"

"唐解元？"秋香没想到这位与自己相偎洞房的华家奴仆，竟然是大名鼎鼎的唐解元。唐伯虎把自己如何恋她三笑，卖身华府的经过略述一遍，秋香十分感动，忘情地倒在他的怀中。

唐伯虎决定当夜携秋香离开华府，潜返苏州，秋香欣然赞同了他的计划。于是两人脱掉礼服，换上便装，从后门溜出了华府，连夜雇船驶向苏州。

第二天，华府的人迟迟不见新人出房门，等到中午时分，推开新房门一看，红烛锦被依旧，哪里还有新人的踪影！仔细搜寻，发现桌上搁着一帧诗笺，上面写着：

六艺抛荒已半年，如飞急马快扬鞭；

去将花坞藏春色，了却伊人三笑缘。

诗笺送到华老爷处，他沉吟良久，不解所云何意。过了一会儿，又有人从新房中找了一幅画，画得是无锡山水，笔调洒脱有致，气韵淡雅深远，华老爷大称："好画！"这一称倒是引动了他的灵感，马上悟出了那诗每句开头一字相连，便成"六如去了"一言。六如不就是六如居士唐伯虎吗！这画除了唐伯虎还能是谁所作呢？这么说来，在他家为奴大半年的华安就是江南才子唐伯虎了？他越想越像，不由得连声直呼："怠慢！怠慢！"

JINGSHIJUECHANG
ZHONGGUOLIDAI
AIQINGGUSHIYUCHUANSHUO

赵心宇◎编著

惊世绝唱——

中国历代爱情故事与传说（下）

中国出版集团
现代出版社

图书在版编目（CIP）数据

惊世绝唱：中国历代爱情故事与传说（下）／赵心宇编著. —北京：现代出版社，2014.1

ISBN 978-7-5143-2526-3

Ⅰ．①惊… Ⅱ．①赵… Ⅲ．①历史人物 – 人物研究 – 中国 – 古代 Ⅳ．①K820.2

中国版本图书馆 CIP 数据核字（2014）第 060598 号

作　　者	赵心宇
责任编辑	王敬一
出版发行	现代出版社
通讯地址	北京市安定门外安华里 504 号
邮政编码	100011
电　　话	010 – 64267325 64245264（传真）
网　　址	www.1980xd.com
电子邮箱	xiandai@cnpitc.com.cn
印　　刷	唐山富达印务有限公司
开　　本	710mm×1000mm　1/16
印　　张	16
版　　次	2014 年 4 月第 1 版　2023 年 5 月第 3 次印刷
书　　号	ISBN 978-7-5143-2526-3
定　　价	76.00 元（上下册）

目　录

第二章　谱写动人的篇章（下）

傅善祥苦为女状元

自隋朝开科举考试之先河，明朝从进士中拔出最佳者冠以状元之称。数代数科，出了无计其数的状元。纵观历史，状元不算稀奇。女状元却凤毛麟角，前代闻所未闻。直到太平天国开创科举女科，中国才有了女状元，而第一个女状元就是傅善祥。

提起傅善祥这个女状元头衔，虽说是自己争气考来的，可其中多少有些无可奈何。所以成了女状元后，荣则荣耀，其中苦楚却难与人说。

傅善祥出生于南京城里的一户书香人家，父亲以开馆授学为业，膝下有傅善祥与姐姐傅鸾祥两个如花似玉的女儿。在父亲影响下，两姐妹自幼攻读诗文，堪称一对才貌俱全的姊妹花。太平天国入主南京那年，姐姐鸾祥十八岁，妹妹善祥年方十六，都被太平军收编到"女馆"中。

"女馆"就是太平军作战时期的"女营"。虽然已到南京后，改名"女馆"，不再参加战争，但编制仍然是军事化的。馆中成员经常要参加挖濠沟、挑砖石等劳动，晚上则听牧师传道，生活安排得十分紧张。傅善祥姐妹都是娇弱的书香千金，这样的生活真让她们吃尽了苦头。傅善祥用一首诗描述了她对这种生活的感受：

> 虾蟆座上闻新法，蟋蟀灯前忆旧欢；
>
> 来日鸿沟还有约，暂谋将息到更阑。

不久后，傅家姐妹出众的才貌引起了太平天国当权人物的注目。几经甄选，姐姐被送入天王宫，妹妹则被分派到东王府内。傅鸾祥先是在天王宫掌理宫制诰事，几经周折，被颇解才情的天王洪秀全看中，遂收为宠姬。与天王闲聊时，傅鸾祥无意间谈到了她的妹妹傅善祥，流露出挂念之情。天王一听动了心，心想何不把傅善祥也收进宫来？既可以让她们姊妹团聚，自己又可以同赏一对姊妹花。

此时的傅善祥，正做着东王府的女书记。住在花木扶疏、鸟鸣鱼戏的紫霞坞里。她的锦绣才情和柔婉之姿，已深深打动了在刀光血影中摔打出来的东王杨秀清，东王正悄悄地对她倾注着宠慕之情。突然听说天王索要傅善祥，杨秀清十分反感，他越想越恼火，决定找个办法打消天王的念头。

想来想去，杨秀清想到了科举考试份上。太平天国的科举制度是仿照了明朝的，只是考期不定。每遇国家大典及诸王重大喜庆之事就开科取士。过去的科举考试女人是没有资格参加的，既然太平天国提倡男女平等，何不再做开设女科的创举？一旦开了女科，凭着傅善祥的才学，金榜题名是没有问题的，等她有了功名。天王再想打她的主意，也得有所顾忌了！

　　这一年刚好是杨秀清四十岁的生日，他趁机提出分男女两科开考取士，取得了天王的同意。科考开始，天王钦派妹妹洪宣娇为女科的正考官，副考官有两位，一位是安徽人王自珍；一位是湖北人张婉如。文章试题是"唯女子与小人为难养也"，诗题则是"欸一声山水绿。"在东王杨秀清的授意下，傅善祥参加了这次考试。她在文章中引经据典，力辟女子难养之说，历述了古往今来贤惠女子内助之功。洋洋洒洒，极具力度。其诗作更是清新可喜，把山水行舟的情景描绘得活灵活现：

　　　　舻声听未了，山水送孤帆；
　　　　对面青如画，回头绿满岩。
　　　　半空云袅袅，一带水巉巉；
　　　　船尾澄流迥，峰腰旭照衔。
　　　　青疑留古岸，翠欲上征衫；
　　　　流响惊凫雁，浓荫郁桧杉。

　　考罢评卷，考官们一致认为傅善祥的诗文十分出色。连天王洪秀全也大为激赏，于是状元非她莫属了。她与第二名榜眼钟氏，第三名探花林氏，三人头载花冠，身穿锦服，在兵勇的护卫下，打马游街，好不风光，一时间轰动了整个南京城。

　　既然是状元及第，就不便将傅善祥不明不白地收进后宫。洪秀全这才发现了自己的疏忽，只好放弃了原先的念头。东王杨秀清的计策算是达到了预期的目的。科举考试的目的是为国选才，傅善祥既然中了女状元，按理必须给她封官派职。她首先得到的一个头衔就是女馆的中团团帅，成为一两万名裙钗的领袖。傅善祥曾是女馆中的成员，对那种严格的军事化生活十分反感。做了中团团帅后，力倡改革，放松了对女馆的强行管制，尽量避免让馆中成员做那些挖土挑砖的粗活，而安排给他们一些针线、炊煮之类的工作。

女馆的总头领是洪宣娇，她是从战火中闯过来的强悍女子，对那套军事化的制度依然有些极深的感情。因此，傅善祥上任后推行的那一套管理措施让她左右看不顺眼，两人之间发生了激烈的冲突。

这两个女人之间的矛盾其实并不全由女馆的管理制度引起，还有一个矛盾的焦点埋在两人心里，都不愿说出口来，就是争夺杨秀清的宠爱。论渊源，洪宣娇和杨秀清可以说是老感情了。早在洪秀全初建上帝会时，洪宣娇与杨秀清早曾有过一段缠绵的感情瓜葛，杨秀清加入上帝会还和这种感情有关；后来，由洪秀全做主，洪宣娇嫁给了西王萧朝贵，杨秀清只好退避三舍；萧朝贵战死后，天平天国定都南京，杨秀清与洪宣娇还曾一度旧情复燃，热烈了好一阵子。却不料最后插进来一个才貌双绝的傅善祥，杨秀清贪新厌旧，打破了洪宣娇旧情重温的美梦，怎不叫她对傅善祥恨得牙齿痒痒！而傅善祥对洪宣娇与杨秀清的旧情也有所耳闻，何况两人还常有藕断丝连之迹。洪宣娇对她发难，她也决不肯示弱，两人的矛盾越闹越深。

傅善祥职位是女馆中团团帅，官籍却隶属东王府。因此与杨秀清有近水楼台之便，这又是洪宣娇所不及的。此时，天王洪秀全沉缅于酒色享受，已不大管事，天国的军政大权实际掌握在东王杨秀清手中。傅善祥利用杨秀清对自己的宠爱，常在他耳边嘀嘀咕咕。终于使他下令解散女馆。女馆对洪宣娇来说，无疑是政治上和精神上的依靠，一旦女馆化为乌有，她大有风筝断线之感。傅善祥这一招可把她打击得够呛。当然，洪宣娇也不会善罢甘休，趁着散馆之际，她到处煽动太平军将士到女馆挑选妻妾。一时之间你争我夺，群莺乱飞，闹得不可开交，负责女馆善后工作的傅善祥回到东王府做恩赏丞相。回想起散馆时洪宣娇的所作所为，她心中大生鄙夷，一时兴起，提笔写了一首"无题"诗：

　　燕子红襟矜宠贵，鹅儿黄帕助娇羞；
　　居然小婢称如愿，有大佳人号莫愁。

　　诗虽无题，却分明是对着洪宣娇来的。她把洪宣娇比作是娇纵一时的小婢，而自己则是有身份有来头的大佳人莫愁，无非想讽刺一下洪宣娇低微的出身和小家子气的作风。诗很快传到洪宣娇耳朵里，她气得七窍冒烟，你一个手无缚鸡之力的小女子，竟敢取笑一个历经百战的公主，真是岂有此理！她拿出诗告到了天王哥哥面前，怂恿说："这明明是瞧不起我们农家出身的太平军嘛！她一个没根基的女人竟敢出此狂言，说不定就是东王在背后支持呢！他没安好心！"

　　天王对妹妹的话将信将疑，东王杨秀清权势日重，难保不存异心，他有些警惕起来。那边东王很快听到了天王已防备自己的消息，而惹出这一麻烦的就是傅善祥的那首诗。为了稳住自己的地位，他只好采取丢卒保车的办法，忍痛割爱，趁着一次傅善祥偷吸了几口鸦片的机会，大治其罪。不但免了她的官职，还给她带上枷锁，押到街上游街示众，最后又把她打入了天牢。如此一来，把这位女状元折腾得七魂出窍。

在狱中，傅善祥痛不欲生，和泪给杨秀清写了一封书信：

素蒙厚恩，无以报称，代阅文书，自尽心力。缘欲夜遣睡魔，致干禁令，偶吸烟，又荷不加死罪；原冀恩释有期，再图后效，讵意染病二旬，瘦骨柴立，似此奄奄待毙，想不能复睹慈颜。谨将某日承赐之金条脱一，金指圈二，随表纳还，籍中微意，幸昭鉴焉！

此信似为诀别书，却又别出心裁地附带呈上了一件自己贴身的粉红色兜肚，实欲唤起杨秀清的念旧之心。杨秀清果然睹物思人，想起了傅善祥平时里的种种好处，不由得怦然心动。他本来就不是存心与傅善祥过不去，于是下令释放了傅善祥，并官复原职，依旧住在紫霞坞里。吃了这一次苦头，傅善祥彻底收敛了锋芒，不敢再与洪宣娇短兵相接了。

然而，杨秀清放出傅善祥一事，又使得洪宣娇醋意大发，她彻底断绝了对杨秀清的幻想，心思一横，决定好好收拾他。

一段时间里，洪宣娇对杨秀清变得格外热情起来，三天两头来东王府套近乎。杨秀清还以为她已尽弃前嫌，愿意和自己和好如初了，心里十分高兴。傅善祥在一旁冷眼旁观，总认为洪宣娇不怀好心，提醒东王，东王却听不进去。

杨秀清忙着与洪宣娇周旋，紫霞坞里的傅善祥便有了许多空闲的时间，于是她开始注意到同在东王府里从事文读工作的何震川。此人是广西柳府人，洪秀全在金田村起事时的檄文就是出自他的手笔。自己平时与杨秀清缠绵一处，未曾注意到他，现在仔细打量，才发现他不但才华横溢，而且风度翩翩，傅善祥不免由欣赏而转生爱意。当时正到了中秋月圆之夜，傅善祥望月遐思，不禁写下这样一首诗：

> 秦淮无限恨，佳节况中秋；
> 侠义梁红玉，高才秦少游。
> 花开三日暮，人到五更愁；
> 相见不相识，长江滚滚流。

她把这首诗抄在粉红色的诗笺上，悄悄送给何震川。何震川又惊又喜，从此，东王府中又添了一双地下情人。

终于有一天，北王韦昌辉一手制造了天京事变。韦昌辉一刀刺死杨秀清，众将领带兵血洗了东王府。东王杨秀清的亲眷、部下、亲信，大大小小一万余人丧于刀剑之下，傅善祥和何震川却侥幸逃了出去。

太平天国失败后，傅善祥与何震川双双隐姓埋名，住在上海的小里弄里，没有人知道他们是谁。

吕碧城如水如月的一生

光绪三十四年，公元一九〇八年。光绪皇帝与慈禧太后相隔几天，先后亡故，一大批人为之惶惶不安，似乎慈禧一死，国家就失去了主心骨，不知如何办才好。这时却有人填了一阕《百字令》，题咏慈禧的画像，登在报上：把慈禧这个亡国的老妖妇痛骂了一顿，说她在主宰朝政的近半个世纪中，把大清皇朝的江山搞得一塌糊涂。把中国边疆的大量领土，国库中的大把银钱送给帝国主义国家，她到阴曹地府，一定怕和汉高祖的吕后、唐朝的武则天见面。词如下：

排云深处，写婵娟一幅，翠衣轻羽，禁得兴亡千古恨，剑样英英眉。屏蔽边疆，京垓金弊，纤手轻输去，游魂地下，羞逢汉雉唐鹅。

这阕《百字令》使清政府十分恼火，成为轰动一时的新闻。很久以后，人们才知道它的作者是一个年轻女子——吕碧城。

吕碧城是安徽旌德人，生于光绪九年，即公元一八八四年。她父亲吕凤歧，光绪三年进士及第，家学渊源。吕碧城和她的姐妹吕惠如、吕美荪号称"淮南三吕，天下知名"。吕碧城十二岁时，诗词书画的造诣已经颇为可观，当时有才子美称的樊樊山是吕凤歧的翰林同年，读了吕碧城的诗词，不禁拍案叫绝。有人告诉他这只是一位十二岁少女的作品时，他最初怎么也不相信小小年纪的吕碧城能够写出如此令人荡气回肠的东西。

凭借着本身的才情和父执辈的揄扬，二十岁的吕碧城在京津一带已是小有名气的闺媛才女。报刊上经常见到她发表的文章，各种艺文聚会也常常能看到她的芳踪，《大公报》创刊时，她是主要的撰稿人之一。秋瑾与吴芝瑛与她一见倾心，秋瑾创办《中国女报》，发刊词就是她的手笔。

袁世凯任直隶总督的时候，拨款筹办北洋女子公学，由傅增湘任校长，特召吕碧城提任总教习。吕碧城于是在这当时女子的最高学府一待就是七八年，后来还提任学校的监督。她把中国的传统美德与西方的民主、自由思想结合起来；她把中国的传统学问与西方的自然科学知识结合起来，使北洋女子公学成为中国现代女性文明的发源地之一。比如颇受袁世凯敬重的家庭教师周道如，周恩来的夫人邓颖超都在这里曾亲聆吕碧城授课。

袁世凯任临时大总统后，吕碧城进入新华宫担任大总统的公府机要秘书，这年她还只有二十八岁。她本打算大干一场，结果生活的打击却使她从此过起了半隐居式的生活。

生活第一次对吕碧城的沉重打击是在她父亲死的时候。吕凤歧是在甲午战争那年去世的，他的妻子严氏从京城回乡处理祖产，吕氏家族中有人使出卑劣的手段，唆使狂徒将严氏掳胁。吕碧城在京城听到了消息，四处告援，给父亲的朋友、学生写信求援，一时之间各种压力纷纷来到安徽的各级政府，各种关心纷纷地来到寡母孤儿的身上，事情自然获得圆满的解决。与吕碧城自幼就订了亲的汪姓乡绅却起了戒心，认为小小年纪的吕碧城，竟能呼风唤雨，将来过了门，成了汪家媳妇，倘若稍不如意就惊动官府那可怎么得了。"小庙里供不起大菩萨"，汪家提出了退婚的要求，吕家孤女寡母不愿争执，事情就定了下来。如果是今天，男女从小订亲，后来成长的环境不同，知识程度与生活经验有了极大的差异，双方协议退婚，不失为明智之举。然而在那个时代，一个女孩子被婆家退了婚，简直就是奇耻大辱，是被逼上绝路的事情，吕碧城一度自怨自艾。幸亏强烈的自尊心使她挺了过来，也使她决定终身不嫁。

似乎不打算结婚的女性，尽管在工作上豪气干云，但工作完成后，特别是一个人独处居室时，总会有浓重的落寞与萧索之感。为了寻求心灵的归属，十有八九都必然地皈依宗教，吕碧城也不例外。在北京工作期间，她经常与一代高僧谛闲和尚谈禅，谛闲和尚对她说："欠债当还，还了便没事了；但既知还债的辛苦，切记不可再借。"这里所说的债，当指尘世间的一切孽债。佛说人生八苦，除了生、老、病、死外，还有就是怨憎会苦，爱别离苦，五蕴盛苦，求不得苦。所谓怨憎会苦，说的是不愿聚会的却偏聚在一起。吕碧城与袁世凯的关系便使吕碧城陷在深深的怨憎会苦中。

吕碧城进入新华宫提任袁世凯大总统的公府机要秘书。后来袁世凯积极准备复辟帝制，筹安会的一批人充当袁世凯帝制复辟的吹鼓手。尽管吕碧城难谐俗流，看不惯一般趋炎附势之徒的卑鄙行径，飘然离京南下，奉母隐居上海，闭门读书，不问世事。但袁世凯失败后，吕碧城却仍难逃公道，遭到国人的斥骂。于是那避世的思想更浓地包围了她，更使她觉得人生如梦。于是，飘然出国，先到美国哥伦比亚大学攻读文学，后转往欧洲，漫游欧州大陆的名胜古迹，最后定居在瑞士的日内瓦湖畔，致力于"戒杀护生运动"，长年茹素吃斋，心中充满了禅意。

北伐成功以后，吕碧城欣然归国。此时她已年近半百，表面上虽然穿着西式衫裙，淡淡地化了妆，但已是心如止水，更耽于禅悦，动辄口诵"南无阿弥陀佛"，自号圣因法师。她来到北京，反复吟诵着李清照的"物是人非事事休，欲语泪先流。"她把所有的感慨倾注在那一阕《汨罗怨》中。

翠拱屏峰，红逦宫墙，犹见旧时天府。伤心麦秀，过眼沧桑，消得客车延伫。认斜阳，门巷乌衣，匆匆几番来去？输与寒鸦，占取垂杨终古。

闲话南朝往事，谁钟清游，采香残步，汉宫传蜡，秦镜荧星，一例秾华无据？但江城零乱歌弦，哀人黄陵风雨。还怕说，花落新亭，鹧鸪啼古。

回国后，吕碧城依然寄情山水，游苏州邓尉时，正值梅花盛开，一片雪海，香闻十里。吕碧城留连忘返，希望死后能埋在这个地方，"青山埋骨他年愿，好共梅花万祀馨。"但国内似乎难有她容身的地方，中国当时很难有一处清静的地方供她静养，到处是革命运动；到处是军阀混战；到处是外国列强侵略的枪炮声。她再次前往欧洲。

第二次世界大战爆发，欧洲的硝烟比中国更浓，吕碧城深夜听到邻家的钢琴声，都好似杀伐之声。她从欧洲东归，来到香港，她"生也坎坷，殁也凄凉。"她寂寞地死在客邸中。她早年不知什么事情，与家里人闹翻，曾对家里人说过，"不到黄泉毋相见"的话，她死的时候，没有一个亲人在身边，她的尸体究竟埋在什么地方也无人知道。

佛经故事中说，如来佛所在的灵山前有一条弱水。有人问佛："弱水三千，如何明一瓢而渡？"佛说："本来无弱水，何必有沉浮。"

吕碧城有《琼楼》一诗写道：

琼楼秋思入高寒，看尽苍冥意已阑；
棋罢忘言谁胜负，梦余无迹认悲欢。

　　金轮转劫知难尽，碧海量愁未觉宽；

　　欲拟骚词赋天问，万灵凄恻绕吟坛。

　　摘叶飞花，都成意境。有意无意，都是人生。吕碧城的一生如镜中花，如水中月。

绣圣沈雪君的婚外恋

　　中国最后一个状元，著名实业家张謇被绣圣沈雪君的丈夫余兆熊大事丑诋，骂得狗血淋头。余兆熊说张謇对他的妻子沈雪君是"生前软禁，死后霸葬"。张謇也抛开士大夫的庄严身段，把许多不堪的文字及话语一齐加到余兆熊这位举人出身的读书人身上。双方如火如荼地对骂不已，大报小报也一齐上阵，成为清末民初东南一带最大的笑语。

　　沈雪君闻名云芝，世居苏州宏坊。她家三世习儒游幕，算是小知识分子或者小官吏家庭。她母亲宋氏生有三男二女，三男夭折，只剩两女。她父亲沈椿长年在浙江盐运使署游幕，她母亲就带着她姐妹两人相依为命地过活。母亲会刺绣，便将刺绣的绝活一点一滴地传给女儿。沈雪君冰雪聪明，学绣读书，两皆热中，十三岁的时候绣品便已十分精绝，慢慢地成了当地人抢购的商品。

　　光绪十五年的时候，沈雪君已出落得明眸皓齿，蜂腰纤足，娇小玲珑的个子韵味无穷。住在距沈家不远的百花巷里的余兆熊对沈雪君倾慕不已，央托与沈家颇有葭莩之谊的画苑名家刘临川到沈家说媒。结果沈雪君的母亲却嫌弃余兆熊，说他一个小小的秀才，休想把沈雪君娶走，她家的女儿至少也要嫁个举人。余兆熊本是浙江绍兴人，七八岁时父母双亡，由一位世白将他收养，带到苏州。他听了沈雪君母亲的话后，埋头苦读，两年后考中举人。刘临川重到沈家说媒，沈母无话可说，光绪十九年腊月二十三日祭灶日，余兆熊与沈雪君成了亲，在沈家隔壁租屋住下。

余兆熊每天半日读书，半日陪着爱妻研究刺绣。当时沈雪君的绣艺虽然高超。细腻精致，但构图立意仍未脱"金玉满堂"、"福禄长贵"的庸俗模式。余兆熊和沈雪君夫妻合作，早晚研究，从构图、色调、意境、成法各方面加以改进。当时在上海有一家刺绣世家"露香园"，主人姓顾，创始于明朝，子孙多半擅长丹青，与刺绣相得益彰。入清后，"露香园"中所绣的花鸟条幅，几乎被王公贵胄们视为拱璧，殊难求得，"顾绣"名声大噪。现在余兆熊的知识加上沈雪君的技艺，完成的绣品真是璀璨夺目，出神入化。看过的人都说："针端夺化，指下生春，已经凌驾露香园之上了。"

光绪二十八年是慈禧太后的七十大寿。光绪二十六年，由于八国联军侵华，慈禧太后冒着辱暑出奔山西，再由山西渡过黄河到了陕西长安。住了一年多，直到第二年冬天才回到北京，一连串不顺心的事情，使得一般臣子们准备在慈禧做七十大寿时，大大地铺张一番，讨老佛爷的欢心。从朝廷到地方 无不挖空心思，搜集珍品奇玩。有心人便找到沈雪君，于是由余兆熊设计，沈雪君精心绣制，花了大半年的时间，绣成山水、花鸟、佛象、法画各四幅，联缀成四个屏障，送到北京。

慈禧七十寿诞那天，在太和殿接受百官朝贺之后。回到后宫兴致勃勃地观鉴王公大臣及各省各地送进宫来的祝寿礼物，真是琳琅满目，漪欤盛哉！慈禧由太监李莲英搀扶着，一路看过来，忽然发现了墙角落里的几幅寿屏，工致妍雅、细腻绝伦、构图新颖、赏心悦目。不禁伸手抚摸，啧啧称奇，对李莲英说："查一查这是哪个奴才送的，叫他招那刺绣的人一同来见我。"李莲英屁颠屁颠地跑出去传旨。那送屏的官员喜不自胜，星夜准备一辆豪华马车往杭州赶，把沈雪君夫妇连同沈雪君的姐姐沈立一并接入北京。

慈禧太后设宴招待他们。对余兆熊来说，他一个举人，这是做梦也没有想到的破格荣耀。宴后，慈禧单独地又召见了沈雪君。咫尺天威，这位玲珑剔透的苏州姑娘，倒还能够中规中矩，跪拜如仪。慈禧始终笑眯眯地望着她，心中想到五十年前，自己也是生长在杏花春雨的江南，眼前这一位江南女子，使她回忆起自己当年的生活。慈禧难得见到一位江南女子，沈雪君带给她无限遐思。慈禧招手叫沈雪君走上前去，拉着她的小手，不停地摩挲，从头到脚上下打量着。突然回过头来，环顾那一群公主福晋们说道："你们看哪！人家多俊哪！水葱儿似的，难怪有这般的好手艺。啊呀！这么一点儿小脚，怎么站得稳呢？怪可怜的，你们倒是赶快搬过凳儿来吧！"

在清代，专制加强，臣子见皇帝，都要把那马蹄袖放下，跪着趴在地上，像那犬马，口称奴才。皇帝准许臣子站着就是很大的恩宠了，现在慈禧要沈雪君坐下来，这"锦墩赐坐，闲话家常"是握邀恩宠的异数。第二天，慈禧更赐给沈雪君"福"、"寿"大字，更是"慈眷恩荣"的特别，沈雪君夫妇沐受无上荣宠，分别名沈寿、余福。过了几天，朝廷在京城成立绣工科，钦派余兆熊为总办，沈雪君为总教习。并颁双龙宝星四等勋章给他们夫妇二人，沈雪君赢得"绣圣"的名头。后来夫妇二人关系紧张，大家都说丈夫沾了太太的光，余兆熊十分气愤，还在报上辩解："余无妻，虽智弗显；妻无余，虽美弗彰。"

沈雪君刺绣不仅声盖国内，也声闻国外。宣统二年，意大利王后诞辰，沈雪君刺了一幅与真人一般尺寸的意大利王后绣像，使得有世界四大美女之一称号的意大利王后，活生生地凸现在绢帛上，呼之欲出，叹为观止。绣品如期运到意大利，意大利王后一见，大为惊奇，认为是世界第一流的美术作品。意大利国王亲笔改函满清皇朝，盛赞中国艺术的精湛伟大与永垂不朽。同时以王室徽章，意大利王后平日所戴的金刚钻手表送给沈雪君。又以意币二十万为酬，这事国内外报纸竞相登载。许多国家的人都知道中国出了女性大艺术家。

沈雪君夫妇在事业上获得空前的成功，生活上却不尽如人意。沈雪君身体娇弱，从小又好洁成性。尽管闺中夫妇谈画论绣，两人都兴致勃勃，笑语声喧。可一到了燕婉之求，男方虽怜爱有加，女方却总是兴趣不足，甚至昏昏欲绝，余兆熊大为扫兴。婚后十年，沈雪君未生下一儿半女。后来好不容易怀了孕，却在那次为赶制给慈禧祝寿的礼品时，疲劳过度而流产，并落下了终身不能生育的毛病。到了北京后，余兆熊一口气纳了两个如夫人。沈雪君看在眼里，默不作声，她本来就有洁癖，逐渐疏远了丈夫。宣统二年，在南京举办的"南洋劝业会"上，沈雪君担任绣品审查委员，第一次见到了末代状元张謇。这时，沈雪君三十七岁，张謇五十八岁。

张謇在家里排行老四，字季直，号啬翁。祖上靠卖担担糖起家，后来开了一间糖坊。张謇甲午恩科中了状元，恰好母亲去世，要回家守孝三年。满清末年国事如麻，他懒得再去出仕为官，索性在家乡南通领导地方人士办起实业来。十多年过去了，他办的纱厂、航运、学堂，以及农、牧、渔业都已有声有色。本人也有了南通土皇帝的称号。辛亥革命后，袁世凯做了民国总统，张謇以嵩山四友之一的身份，担任了一个时期的农商总长，但念念不忘他在南通办的实业，于是辞职南归。这时沈雪君夫妇由于清王朝垮台，绣工科取消，移居天津。张謇绕道天津，殷勤邀请沈雪君到南通主持刺绣学校。至于余兆熊则任贫民工场场长，兼营上海福寿绣织公司业务。沈雪君夫妇，还有沈丘，以及沈雪君的堂兄沈幼衡先后到了南通，成了张謇的职员。

沈雪君的职称是南通刺绣传习所所长，以"有斐馆"作为下塌的地方。张謇在生活上对她照顾得十分豪奢周到，沈雪君也就全心全意地投入工作，以羸弱的体质承担繁重的工作，数月后便病倒了。张謇爱沈雪君的才华，更关心她的身体，除了遍请中西名医为她治病外，将自己"瀛阳小筑"前院的"谦亭"让给沈雪君居住。这里屋舍宽敞，又有园林之胜，距离刺绣传习所又近，既可养病，又免除了到工作地点的跋涉之苦。张謇对手下这位并非顶重要的女性干部关怀备至，内心深处充满了爱怜之意。

沈雪君就像水仙花一般，幽香雅洁。只适合案头清供，不作兴沾染繁华。张謇名成利就，艳如桃李的女性见得多了，对于林黛玉型的女性反而特别欣赏。把余兆熊支开，对沈雪君大献殷勤，可毕竟是衣冠中人，当然不能采取市井人物的做法。因而为了更多地与沈雪君接近，以状元公、大老板之尊，甘愿为沈雪君撰写"绣谱"。由沈雪君口述，张謇殷勤笔记、整理。这种类似秘书性的工作，张

謇作得十分兴头，还美其名曰："重其艺而虑其不传也。"状元公在
沈雪君面前显得特别温柔而有耐心，尽量降低姿态叩请沈雪君自述
学绣始末，不惮繁琐、反复咨询、详加记录，一定要弄个清楚明白。
前后耗时半载，撰成《沈雪君绣谱》。

　　沈雪君患的是肝郁症，时好时坏。所幸有名医陈星楼为她悉心
诊治，并无大碍。《绣谱》完成之后，张謇又要教沈雪君学诗，为了
这个女弟子，特别选出七十三首古诗。亲笔抄缮，亲加注释，连平
仄都在一旁做好记号。张謇的闲情逸致实非浅显，要在一般女性，
怕不是早有收获。然而沈雪君却心如止水，始终是"一片冰心在玉
壶"。使张謇"梦疑神女难为雨"。

　　张謇尽管是谦谦君子，也有按捺不住的时候。一次两人闲谈，
张謇说自己是万里长城，沈雪君是万里长城上的宝塔。沈雪君不留
余地地回答："就怕宝塔倒塌，压垮了长城。"张謇曾把两首题为
《谦亭杨柳》的诗送给沈雪君，借物喻人，爱恋之情十分露骨，不借
以"鹣"为比翼鸟，"鲽"为比目鱼等属于夫妻专用的字眼入诗：

其一：
记取谦亭摄影时，柳枝宛转绾杨枝；
不因着眼帘波影，东鲽西鹣那得知。

其二：
杨枝丝短柳丝长，旋绾旋开亦可伤；
要合一池烟水气，长长短短覆鸳鸯。

张謇是摆出了一往情深，不惜牺牲一切的架势，然而沈雪君却出奇地冷静。她先后回了三首诗给张謇。

前二首是咏《垂柳》：

其一：

晓风开户送春色，重柳千条万条直；

镜中发落常满梳，自怜长不上三尺。

其二：

垂柳生柔荑，高高复低低；

本心自有主，不随风东西！

第三首是《咏鸳鸯》：

人言鸳鸯必双宿，我视鸳鸯尝独立；

鸳鸯未必一爷娘，一娘未必同一壳。

这无异于告诉张謇，罗敷有夫，古井不波。然而张謇这位多情的老人却愈发殷勤小心地侍候沈雪君。随时关怀备至，即使忙中无暇，也会有情致绵绵的笺条传到谦亭。沈雪君也觉得十分过意不去，就请张春书写"谦亭"两字。把自己的秀发剪下来，按张謇的笔意，抱病绣成"谦亭"二字，作为二人关系永久的纪念。

外面风风雨雨，都说张謇与沈雪君有着不同寻常的暧昧关系。

爱护张謇的人都说这是他的盛德之累。余兆熊更是怒不可遏，在自己的家门口张贴对联：

> 佛说：不可说，不可说！
> 子曰：如之何，如之何？

意思是沈雪君与张謇的事他难于开口，他毫无办法。后来干脆把张謇写给沈雪君的《谦亭杨柳》一类诗中的诸如：杨柳枝绾来绾去，一池烟水上鸳鸯双宿的意思排出来对张謇大加诋毁。本来这些诗句就是张謇当时被情欲冲昏了头脑时写的，哪管给人留下把柄。对余兆熊的攻击，张謇难以自圆其说，硬是不计毁誉，一意孤行。

民国十年，即公元一九二一年六月八日，一代绣圣沈雪君终因膨胀病逝世，得年才四十八岁。六十九岁的张謇老泪纵横，为她在南通治丧，并在黄泥山构筑庐墓。索性离群索居，杜门谢客，早晚与沈雪君的遗像相对晤，一口气写了《忆惜诗》四十八首，缠绵悱恻。如他设想沈雪君感念他的深情厚意，剪下自己的秀发，绣成"谦亭"二字，也是对他的一片挚情浓意，与他对沈雪君的感情同样是无与伦比的：

> 感遇深情不可缄，自梳青发手接挲；
> 绣成一对谦亭字，留证雌雄宝剑看。

还有回忆当时学诗情景的：

听诵新诗辨问多，梦如何梦醒为何？

梦疑神女难为雨，醒笑仙人亦烂柯！

情之为物，不可理喻。如果用理智来分析张春与沈雪君的关系，那是说不清楚的，如果硬要说的话，是一种精神恋爱。宋金时期，元好问在《迈陂塘》中写道："问世间，情为何物？直教以生死相许，天南地北双飞客，老翅几回寒暑。欢乐趣，离别苦，个中更有痴儿女。涉万里层云，千山暮景，只影为谁去！"

周道如奇特的婚姻

周道如已经在袁世凯家中做了十多年的专职家庭教师，无情的岁月消蚀着她的锦绣年华。在宣统三年，革命浪潮风起云涌，清政府焦头烂额走投无路，袁世凯坐上大总统的宝座时，周道如已经三十六岁，依然守贞待字，就连虎狼之心的一代枭雄袁世凯也觉得亏欠她的太多。

周道如是江苏宜兴人，原名砥，她的父亲在科举考试中跃登甲榜后不幸早逝，家道中落，她在吕碧城当总教习的北洋女子公学一毕业，就留在附属小学任教，凭微薄的薪水，接济家庭。

吕碧城对周道如这个学生特别欣赏，认为她品性纯良，学问渊博，举止端方。周道如在附小学任教，工作认真。吕碧城觉得周道如大材小用，亏待了周道如，恰巧当时提任直隶总督的袁世凯想要聘请一位家庭教师，吕碧城便把周道如推荐给袁世凯。袁家的儿、女，媳妇，乃至于袁世凯的妙龄姬妾们，便都成了周道如的学生。十几年过去了，彼此相处融洽，亲如家人。尤其是袁家二少爷袁克文，也就是袁寒云，与周道如最为投缘。那年，袁世凯受满清政府的猜忌、排挤，以"现患足疾，步履为艰"为由，向朝廷辞职，回家养病。清政府巴不得他尽快离开朝廷，立即准予，袁世凯归隐洹上。周道如就准备向袁世凯辞行，是袁克文带着一群弟妹苦苦挽留，使周道如不忍抛下他们，随他们一起到了洹上。虎落平阳的袁世凯对周道如感激不已。周道如是袁家上上下下都尊敬的人物。

当年，袁世凯在天津小站训练新军，最得力的手下是四个人，即王士珍、段祺瑞、冯国璋与梁华殿。王士珍掌工兵，段祺瑞掌炮兵，冯国璋掌步兵，梁华殿掌骑兵。后来梁华殿在夜操时坠马溺死，到袁世凯升任北洋大臣，王、段、冯三人水涨船高，就有了"北洋三杰龙虎狗'"的说法。

袁世凯窃夺辛亥革命的果实，当上大总统之后，就开始做他的皇帝梦，无奈北洋旧人中的一些人表现得十分漠然。尤其是冯国璋，手握重兵，坐镇南京，虽说是砥柱东南，但确实令袁世凯难以放心，深恐这些骄兵悍将被人利用，或者形成尾大不掉之势。

周道如在袁家十几年，袁家的儿女都已长大成人，成家立业，袁家的媳妇又成了周道如的学生而周道如还孑然一身，大家都希望周道如能够找一个好丈夫。但周道如的婚姻确实是一个难题：人品地位不相当的人自然不敢高攀；家有结发妻子，叫周道如去屈居侧室是想都不要想。可当时人品地位能与袁世凯的家庭教师，形同家人的周道如如此般配而没有成家的又有几个呢？一般俗不可耐的碌蠹，周道如恐怕也不屑一顾。

　　袁世凯的大公子袁克定和二公子袁克文是两个性格、志趣，人品截然不同的人。二公子袁克文性情儒雅，热中于琴棋书画，古玩诗词，淡泊功名，对父亲的帝制梦持反对意见。大公子袁克定为人狡诈，热衷功名利禄，积极为父亲的帝制梦奔走，出谋划策，做着太子梦。袁世凯在春藕斋中为如何笼住冯国璋大伤脑筋，袁克定就建议道："冯华甫（即冯国璋）断弦已久，身边只有一个丫头收房的姨太太，倘能把周老师许配给他做妻子，岂不大佳！"袁世凯听后拍案叫绝，于是动员儿媳、姬妾们一齐向周道如游说，等有了眉目，就由榜眼出身的秘书夏寿田写了一封文情并茂的书信向冯国璋说媒，盛道这是袁世凯的一番美意。周道如的人品学问长相，冯国璋早有所闻，听说袁世凯要做媒把周道如嫁给他，喜出望外，大有浃髓沦肌之感。当即复函夏寿田，对袁世凯的美意心领，并派人送来聘礼。冯国璋也知道袁世凯对他已抱有戒心，如今袁世凯把周道如嫁给他，他希望好好利用这个机会，再向袁世凯表一表忠心，赢得袁世凯更大的信任。几次上表要北上迎亲，倒是袁世凯叫他不可轻易离开岗位。

　　袁世凯的二公子袁克文知道这件事后，先是当面质问父亲为什么要这样做，说父亲恩将仇报，包藏祸心，气得袁世凯暴跳如雷。接着袁克文来到周道如的卧室来看他的老师。他觉的老师是一个心地善良的人，他不打算把事情的真相告诉她，但终于忍不住，还是讲道：他父亲听信大哥的建议，把她嫁给冯国璋是为了叫她笼络监视冯国璋，也希望利用这件事让冯国璋知恩图报，效忠他们袁家。袁克文最后说：事情到了这一步，是无法挽回了，就愿老师善自珍重。周道如点了点头。

出嫁的那天，袁世凯特地把周道如请到他的春藕斋中长谈。先是感谢了周道如这么多年在他家中的奉献，慢慢地就说到周道如的婚姻。袁世凯说道："南京虎踞龙蟠，军事上是东南重镇，经济上是国家的精华所在。冯华甫是小站旧人，以周老师的经济学问，足以补冯华甫之不足。他若能以智保身，以忠谋国，功名富贵始终是全国首屈一指的。"袁世凯这含蓄的话，周道如是听得懂的。她仿佛觉得是被利用去作间谍似的，心里很不自在；又仿佛觉得她的命运还是捏在袁世凯的手中，她只不过是袁家的一着棋子而已。

新华宫里的女教师下嫁江南王冯大将军，是一件轰动一时的大事。袁家，包括女眷在内，对周道如都有馈赠：首饰、华服、精美器物，结结实实地装满了几十只大箱子；袁世凯特致赠大洋五万元作在资；只有袁克文没有送东西。当袁世凯的四夫人（即三姨太高丽人闵氏）带着婢仆及卫队，伴着周道如坐一列花车从北京出发南下时，袁克文站在香山的顶上，望着周道如远去的方向，很久很久，一动不动。

花车驶到南京凤门，冯国璋用接待大总统的礼仪鸣礼炮二十响，把周道如接到早已收拾停当、华灯焕彩、金碧辉煌，挂有"周公馆"横匾的督署西花园，作为周道如暂住的地方。

南京城里大小官员都沾染了不少喜气，忙得不亦乐乎。民国三年（公元一九一四年）三月十九日举行结婚大典，冯国璋着上将戎装，乘坐彩车由马队前导，继以乐队，从碑亭巷绕道花牌楼进入督府。沿途军警密布，严禁行人来往。新娘则乘坐彩轿直抵督署礼堂。鸣炮奏乐，由女宾四人着大红吉服扶着慢慢走入。婚礼中，文官自巡按使以上，武官自师长以上均来道贺，各省军政首长皆派代表来贺。一时间南京冠盖云集，赠礼品、赠礼金、赠诗赠联者难以胜计。其中安徽督年倪嗣冲的对联是这样写的：

将略褐轻裘，夺龙蟠虎踞，好作洞房，从兹儿女莫愁，想顾曲英姿，当不愧小乔夫婿；

家风起芜楼，喜裙布荆钗，迎来琼岛，为报湖山卷画，有执柯元首，始得归大树将军。

周道如穿玄色绣花外套，大红裙子，陪着冯国璋一连谢了三天客。三朝过后，贺客星散，袁世凯的四夫人为周道如留下若干贴身婢仆，仍旧坐上花车北返。冯国璋与周道如手挽着手，亲亲热热一直送到蒲口。周道如依依不舍，四夫人又同周道如讲了一阵儿悄悄话，才从容就道。

婚后不久，正遇上冯国璋六十大寿，周道如刚好四十岁，夫妇合成"百岁双寿"。冯国璋大事铺张举办庆寿活动，东南各省莫不争献奇珍异宝作为寿礼。其中有达百斤的寿烛、高达一尺的赤金罗汉等。冯国璋对袁世凯是相知很深的，当然知道袁世凯的用心，所以这位宣武上将军一直都小心谨慎。他日益明白袁世凯复辟帝制必然失败，就加紧打起自己的小算盘。冯国璋从内心里喜欢周道如。觉得周道如善良，他不忍心让他的娇妻周道如难堪，便故意装出一副才疏识短，器小易盈的样子给周道如看。他做百岁双寿，沉缅于敛财中，正是袁世凯紧锣密鼓为称帝作准备的时候。

一九一五年底，袁世凯正式称帝，全国哗然。海内外一致反对，蔡锷揭起护国运动的旗帜。袁世凯令冯国璋出兵湖南镇压护国运动，冯国璋拒不发兵，还通电反对袁世凯称帝。一九一六年，袁世凯在绝望中死去，袁世凯的手下段祺瑞成了总理，握有北京实权。冯国璋排在黎元洪之后成了副总统。总统黎元洪与总理段祺瑞为争权斗得死去活来，段祺瑞把张勋引进北京赶走黎元洪，冯国璋成了正式大总统。

冯国璋带着周道如入主新华宫。周道如是一个十分感性的人，重临新华宫，回忆袁家当年显赫繁盛的情形。只不过三年时间，竟烟消云散，不禁为之感叹。想到冯国璋还有段祺瑞这样的对手存在，普天之下，智能之士，奸恶之徒，存在必多。这总统的宝座无异于一个火山口，实在令人忧心忡忡，她还是怀念过去当教师的日子。

周道如是生病医治无效去世的，当时冯国璋正利用孙中山领导的护法运动，压段祺瑞让权，逼段祺瑞下台，顾不了夫妻之情。

周道如死后，袁家二公子袁克文曾撰联哀悼他的老师：

为国披肝胆，为家呕心血，生误于医，一夜悲风腾四海；

论文兼师友，论亲逾骨肉，死不能别，九原遗恨付千秋！

花燕芳玉骨冰肌怨春风

中国传统的知识分子，在私生活上，很多人具有其两面性。一方面告诫子弟，不能涉足娼家，纵情声色；而其本人，却以风流自诩，涉足花丛。口里说的一套，实际做的又是一套，这跟官场的"只许州官放火，不许百姓点灯"是同出一辙。

清末的王闿运也不能例外。他中年时代，曾眷恋过衡阳名妓花艳芳。他与花爱得发狂，但终于碍于声名，难成眷属，以致终生遗憾。

1865年，正值而立之年的他，已斐声海内。这年冬天，学院放假，让学生回家过年。衡阳历来是湘南有名的商业城市，富商巨贾云集，都久仰他的清名，争相邀他赴宴。他也好乘机向富商们筹措点儿学院经费，以弥补一些贫寒学生的生活费用补贴。他本来不爱跟这些商贾们打交道，但为了学院，为了培育人才，他只好虚与周旋。

一日，在一湘乡富商卢某捐了观察虚衔而设的酒宴上，正当宾主就坐之时，后堂出来了几个绝色歌女。行到桌前，向他盈盈下拜。这些姑娘个个都浓妆艳抹，粉香袭人，王阁远一见，连忙说道："恕我告退，我素来不近女色，仁兄盛情，我心领了！"

与他一同来赴宴的，有当时负责湘南学运的蒋松龙，一把拉住他道："三兄，你又何必太拘谨了，召妓俏酒，乃是常事，历朝名士亦不例外，有道是'身边有妓，心中无妓'。权只当逢场作戏，又有何不可？"硬是把他留下来了。

这卢老板也说："久仰王山长清名卓著，不过今日召来的这几个，在琴曲诗词上，都有一定的造诣。"并指着为首的一个道，"她叫花燕芳，素以诗才闻名。燕芳，我事先已叮嘱于你，把你所作的诗集呈给山长斧正，你可曾带来？"

这时，那叫花燕芳的女子便莺声润耳地说："已经带来了，只怕是卑劣之作，有污山长的青眼！"说罢，便把一本题为"倚云楼诗草"的诗稿谦恭地呈上。

王阎运不由接过，只见其字迹在娟秀妩媚之中微露阳刚之劲，不由惊问："这字也都是你写的?"

"小女子信手涂鸦，有污尊目，请山长不要见笑。"

王闿运当时心想：这女子的手还有点儿灵气，练书法下了点儿功夫。"好吧，我看后交给卢观察转交于你就是!"

说罢顺手把诗稿放在茶几之上，不禁称许地点了点头，本当要翻开诗集看看，但转而一想：一个青楼女子，能写出什么好诗来?但又不便当场扫了她的面子，只好说道："能否让我带回去，细细品读如何?"

"山长若能见赏，妾身正求之不得，如蒙山长披阅能予以指出谬误，则更为荣幸了。"

这时卢老板对其他几位歌妓道："你们唱曲以助酒兴吧!"这几个妓女随即润了润喉，舞袖扬眉地唱了起来。除了开头一曲是唱的昆曲《思凡》之外，其余的尽唱的是淫词艳曲。王闿运是个道学正统，听了很不是味道，欲想先行退席，又恐失礼。

何况，他也知这卢老板与曾国藩有点亲戚瓜葛。凭着钱财，捐了一个观察（相当于今日的地厅级官员）的虚衔，是衡阳的头面人物之一。只好以喝了几杯白酒，以身子燥热为名，想到后园走走，清凉清凉。

蒋松友知他性格耿直，过于迂腐。对这些曲调有些厌烦，也巴不得他离席，他们好尽情玩乐，也顺口搭言："卢兄后园有几株红梅，今日雪后初霁，正好踏雪寻梅，也是一番乐趣。"

王闿运对席间同坐的拱了拱手，信步来到园中。碎石砌成的一条小路上，真有几株红梅盛开，暗香扑鼻，倒也有一番情趣。他负手而行，心想吟几句诗，但一时又想不出佳句，正在沉吟之时，却听得身后一声娇语："山长，您真雅兴不浅呀！"

王闿运猛一回头，恰正是这位淡妆浅抹名叫花燕芳的姑娘。她上身穿一件藕荷色的绸面子皮袄，下系一条浅蓝色薄棉裙，脸上仅是淡扫双眉，微微地搽了点胭脂。在寒月照耀之下，显得甚是娟丽，给人以清艩雅致之感，不由问道："你不在席前陪酒，来此做甚？"

"卢观察担心园中清寒，命小女子请山长回厅取暖。"

这时，王闿运突发奇想："姑娘，你既能赋诗；眼前这白雪红梅，正是美的境界、诗的天地，你何不即景信口吟诗，让我见识见识！"

这花燕芳倒也落落大方，颦眉眨眼望了望园中周围的景色，对着迎风吐艳的红梅凝神品味，略一沉吟："既蒙山长不弃，我就信口胡诌几句，请您不要见笑。"

于是她信口吟出：

> 寒月凌梅播暗香，
> 几枝斜隐沐清光。
> 飘雪泪似潇湘雨，
> 何处春风惹恨长？！

王闿运一听，这四句诗，论意境虽属一般，但出于一个年轻的青楼女子之口，也算难得。他不由正眼审视了她一番："你这四句诗，借景把你的心事，一泻无遗，也可算得上佳作了！"

这时，不由王闿运感到青楼之中居然有这样的女子，又才华横溢，人又豪爽，真是难能可贵，不由有了几分好感。

　　当夜，他回到书院，打开她写的诗集。虽只有三四十首，但都很清新飘逸，尤其是其中一首题为《无题》的诗：

> 人生离合等浮萍，
> 梦到邯郸便不醒。
> 满眼繁荣烟雾散，
> 空留江山数峰青。

　　更使他为之拍案叫绝：　"这真是个才女，可称得上当代薛涛！……"由此，他对青楼女子的看法也不像以前那么固执了。

　　他暗想：人，不可一概而论，不能带颜色眼镜看人。"十步之内，必有芳草"，"十里之内、必有知音"，此言谬不谬也……

　　他决定第二天也假当地的著名酒家"玉楼东"定下一桌酒宴。回请这位卢"观察"，也邀蒋松友作陪，在给卢"观察"的请柬中还注了一笔："昨蒙宠召，得睹花氏之诗，深佩此女之才。今晚略备薄酌，氨并邀其一叙，烦兄代约。"

　　这位卢老板，也就是这位卢"观察"，见了此柬，微微一笑："嘻嘻，我说和尚不爱荤是假的嘛，世上不爱色的男子除非傻瓜蛋呢，如来佛祖跳出了五行山戒，他也钟情于观世音菩萨呢！嘻嘻，这位道学先生，居然也见色心喜了！"

　　当晚，在"玉楼东"酒家的这场宴会上，王闿运一扫昨日的矜持之态，对花燕芳有说有笑："燕芳，你的诗集我全读了，可说得上是清词而句，寓意殊深。我拟出资，为你付梓，分赠我之相识，也好让我们知道当代有个小薛涛！"

蒋松友也趁机打趣："王兄，她既是当代薛涛你何不做个当代杜牧呢！"

这句话不由王闿运满脸绯红，可是花燕芳落落大方。

她带着媚笑："我怎能比得上薛涛，王山长也不是当代杜牧。他是当代朱熹，我又怎敢高攀。好在王山长没有做官，不然的话，会把我像严蕊似的问罪公堂呢！"

众人听了，不禁一阵哈哈大笑。王闿运觉得这丫头舌锋不凡，说得入木三分，叫人啼笑皆非，又不便发火，他不但不恼，反而从心内佩服她见识不凡。

卢"观察"见他满脸绯红，全无恼意，不免顺水推舟："山长不要被这丫头说中了，偏名士风流，做一回杜牧如何？"

"对，杜牧'十年一觉扬州梦，赢得青楼薄幸名'，成为千古佳话。我们衡阳也是文化之城的风水宝地，今有此名花，王兄，良机不可错过呵！"蒋松友一旁凑趣。

王低头不语……

花燕芳抿嘴含笑……

卢已深知王对花已有倾心之意，宴里之后，干脆，快刀斩乱麻，雇了两乘小轿把他二人送到珠玑巷花燕芳的院中去了。

鸨儿领了卢"观察"之命，已将花的卧室做了一番布置。本来墙壁上就挂了名人字画，靠墙还有一架古筝，桌上整齐地搁置着文房四宝。鸨儿在花架茶几上又新摆了一盆吊兰和一盆芳香葱郁的水仙，地上铺了新地毯，显出书香淡雅与古朴，使人进入就产生一种舒适清新之感。书案上还摆了一对特大的龙凤大喜烛，烛光闪烁，香炉内正燃着的檀香袅袅香烟，清香入鼻。洞房花烛的气氛使得王阎运如入仙境，不由心荡神怡。

王阎运初涉花丛，面对着这位千姿百态的名花、才女，不免显得拘谨，莫知所措。而花已是情场老手，她羡慕王的才华，心情舒畅，百媚横生，设法挑动王的春心。

王正值中年，男子这个时候正是性的高旺时期，面对这年华正茂娇娇艳女，这位道学先生，毕竟不是傻瓜。一种诱惑的本能冲动，只好由之摆布了。

第二天，卢"观察"特来祝贺，并送上五百两银子，以供王的开支。

王这时真正领略到"红袖添香夜读书"的乐趣。不觉度过了一个整月。

王与花的这段艳事，在衡阳，宝庆，湘潭及长沙一带不径而走。连远在刚刚攻下太平天国首都南京的曾国藩，也集前人诗名寄来了一幅嵌入了"花""燕"两字的对联："无可奈何花落去，似曾相识燕归来"来祝贺。紧接着，函邀他去南京，说有要事相商，并邀花燕芳同行。

原来王与花这场爱情，都是曾国藩幕后的一手摆布，卢观察只是幕前的执行者而已。

曾乘占领南京，颠覆了太平天国的政权之机，想抬高他所统帅的湘军的威望，以打击和压抑李鸿章所帅的淮军。特请王阎运编纂《湘军志》，而担心王不应约，特密嘱卢某设下了这一花连环的圈套。

王阎运蒙在鼓里，哪知其中奥秘。待他一到南京，曾国藩盛宴之后，便把请他修志之事言明。王阎运答应曾国藩主编《湘军志》，曾国藩高兴，把他和花燕芳安排在南京最高级的旅馆住下，又送王闿运千两银子作为生活费用，另送五百两银子给花作脂粉之资。

王闿运本是个穷书生，虽然满腹文章，能今博古，其才识举世闻名。但长年是明月一肩，清风两袖，无一文积蓄。他平日为人作风极其检点严肃，从来不近女色，人对他素有柳下惠和鲁男子之称。这下在衡阳被卢"观察"所设的美人计，把他拉下了水，他迷上了花燕芳，尝到了甜头，心性也较前灵活了许多。

花是个心性灵巧的女子，她羡慕王的学识和人品。自与之结合，对王更加崇拜，对他的生活关怀备至，体贴入微。王对她是双重身份：一是情夫、二为老师。她平日求知若渴，这下与王比翼双飞、形影不离，每日除了继续深入学习诗词之外，还练习书法。其他时间读些经史，尤其是背诵古文和研究周易。

花天赋聪颖，学东西特别敏感，真有过目不忘的功夫。自与王结合后，知识长进颇快，尤其是诗词的造诣，明显提高。把个王闿运弄得心花怒放，对她特别怜爱。

这次带她同到南京，曾国藩为他们送了生活费用开支，又为她添置了时髦的新装，把她打扮得更加入时、更加娇美。并带她游鉴南京的名胜古迹，花到南京后又写了不少新诗。他们玩得很开心，喜效于飞之乐。

曾国藩陪他们游览，让他们自由活动，估计也玩得够尽兴了，开始书归正传，要王开始修志的有关事宜。

既然要写志，志即是史。当然除查阅有关档案之外，还得深入调查研究。王闿运也是这样做的，白天翻查清廷档案及曾本人的记述；晚上则青衣微服，步到南京街头，但见家家店门都早已打烊，纵有几家茶社酒馆也是坐都廖廖。

他心想：秦淮自古繁华，六朝金粉之地，为何定乱之后却是这样萧条？

再一深入民间采访，始知曾国藩之弟曾国荃破城之后，纵兵大肆抢掠民财、强奸妇女，任意枉杀无辜。再翻阅曾国藩审问忠王李秀成的档案，据李之亲笔书写的材料与曾上奏朝廷的表章，全不一致。李的记述中写了曾部湘军多次惨败的实情，而曾国藩的记述中却轻描淡写，甚至曾本人在九江惨败被迫投水自尽，被清兵及时救起一事根本不提。

王闿运在掌握了大量实事材料之后，按事实求是的原则，写出了提纲，请曾过目。当曾看到有些地方是在为他抹黑之时，不由说道："先生，有道'为贤者讳'，就请阁下把这几处不写上吧！"

"既要我写志，必须秉笔直书，何讳之有？"

"先生，你已文名久播。这在衡阳青楼寻芳，纳妓比翼双飞，如若阁下写一自传，难道也竟写上史册不成？如写的话，岂不有损清誉？"

这时，王闿运才大梦初醒，原来他与花燕芳之事，乃是他使的诡计。这下可中了他的圈套，他情知上当了，于是也回说："这是我一生之羞，当然写上。历史是不容虚构的，现我立即命她回湘，与她从此断绝往来！你若要我写《湘军志》，这些铁的史实，我非写不可！"

"这……望先生权衡利害，如先生不忍有损湘军形象，本人愿以万金相谢！"

王闿运乃是个有骨气的人，不由淡然一笑："大人，此事容我三思……"

当晚，他回到旅寓，心情沉重。花燕芳见他表情与往常大异，心知必有大事。花并未当即问他，安排他洗浴之后，她撒娇地要他为之讲解易经。

此外，她写了一首新词，要他为之斧正。他淡淡地瞄了一眼，苦笑着说："大有长进了，唉！可惜！……"他叹了一声长气，眼圈显得有些湿润。

花燕芳是个乖巧的女子，心知他心中所藏之事，非比一般。于是为他泡了一杯浓茶，继而，挨着他的身旁坐下，娇声婉转地问他有何心事？……"

半夜了，燕芳催他入睡，这是他们露水姻缘的最后一晚了，王不得不为之痛心、为之珍惜。往常，这等时候，他们早赴阳台之梦了。可是，他丝毫没有睡意，燕芳再三问他，到底有何心事，要他以实相告。

无奈，他把这事的详细始末向花说明，花一听嚎啕痛哭起来。王慌了手脚，问她为何这样伤心。接着，她向他也讲述了卢如何收买和威胁于她，要她以色相拉王下水。并说，这是曾国藩大人的密计，她说："我不知道他们到底是何用意，只是我崇拜先生，想不到我真的爱上了先生。我愿终身侍奉先生，哪怕是做个使婢也心甘情愿……"越说，她越呜咽痛泣起来……"

她哭得不堪收拾，王闿运也为之伤心落泪。他对燕芳说："燕芳，我的性格造成了我人生的悲剧。我不愿出卖自己的灵魂，金钱也遮不住我的眼睛。我是个天生的穷书生，曾国藩万两黄金收买于我，本来我拿了他这万两黄金，只需笔下为他省去几笔污点，这对于我无损；我拿了这万两黄金，可以带了你一辈子优哉优哉地好好受用了。可是，这事我做不来，我宁可乞食街头，也不愿把良心和人格出卖!"

"先生，您别说了！这都是我的不好，害了先生。您是文人中最为可敬之人，为此我敬重您！您是我的好老师，先生，我不配做您的妻子，可是作为您忠实的学生，您该不会嫌弃我吧！先生，我不愿你丧失气节，出卖灵魂，我明早走，决不连累先生!"

王闿运听着更加伤感，对她更不忍轻分，但为了不为曾的权势所诱，不为其利迷心，只好忍痛与之割舍。他们彼此抱头痛哭……

王闿运乘夜秘密离开了南京，去了上海。

临行前，留了一书给曾国藩，表示他决不作御用文人，为他涂脂抹粉。并写了一首诗留给花燕芳，以示决绝，诗云：

> 不堪回首去年冬，
> 一笑梅花记偶逢。
> 信有仙娥飞月下。
> 不期心底竟留踪。
> 石沉弱水三千尺，
> 恨杀蓬山数万重。
> 慧剑情缘今已矣，
> 灵犀一点喜相通。

花燕芳也回了一首诗：

> 轻阴漠漠雨朦朦，

惯送闲愁似梦中。

几度芳园歌窈窕，

一弯流水响玲珑。

由来冶艳君怜我，

审识繁华色是空。

岂为荣衰有离合，

玉肌冰骨怨春风。

　　王闿运离曾之后，仍依史实，写下了《湘军志》。近代大名士杨度，当代大画家齐白石都是王闿运的学生。

第三章　鹤引诗情入碧霄

班昭与《前汉书》

班昭字惠班，又名姬，家学渊源，尤擅文采。她的父亲班彪是当代的大文豪，班昭本人常被召入皇宫，教授皇后及诸贵人诵读经史，宫中尊之为师。

班昭十四岁嫁给同郡曹世叔为妻，所以人们又把班昭叫做"曹大家"。

以个性而论，曹世叔活泼外向，班昭则温柔细腻，夫妻两人颇能相互迁就，生活得十分美满。

班昭的文采首先就表现在帮她的哥哥班固修《前汉书》，这部书是我国的第一部纪传体断代史，是正史中写的较好的一部，人们称赞它言赅事备，与《史记》齐名，全书分纪、传、表、志几类。还在班昭的父亲班彪的时候，就开始了这部书的写作工作，她的父亲死后，她的哥哥班固继续完成这一工作。班固，字孟坚，九岁能作文，稍大一点，博览众书，九流百家之言无不穷究，不料就在他快要完成《前汉书》时，却因窦宪一案的牵连，死在狱中，班昭痛定思痛，接过亡兄的工作继续前进。

好在班昭还在班固活着的时候就参与了全书的纂写工作，后来又得到汉和帝的恩准，可以到东观藏书阁参考典籍，所以写起来得心应手。

《前汉书》出版以后，获得了极高的评价，学者争相传诵，《前汉书》中最棘手的是第七表《百官公卿表》，第六志《天文志》，这两部分都是班昭在她兄长班固死后独立完成的，但班昭都谦逊地仍然冠上她哥哥班固的名字。班昭的学问十分精深，当时的大学者马融，为了请求班昭的指导，还跪在东观藏书阁外，聆听班昭的讲解呢！

班昭还有一个兄弟是班超，我们现在常用的两个成语"投笔从戎"和"不入虎穴焉得虎子"，就是他的口语演化而成的，反映出他的智勇过人，他出使西域，以功封定远侯，拜西域都护，扬汉威直至中亚细亚三十年之久。

汉和帝永元十二年，班超派他的儿子班勇随安恩国入贡的使者回到洛阳，带回他给皇帝的奏章："臣不敢望到酒泉郡，但愿生入玉门关。谨遣子勇，随安西献物入塞，及臣生在，令其目见故土。"表达出一种浓郁的叶落归根的思想，然而奏章送上去之后，三年后朝廷仍不加理会。班昭想到死去的哥哥班固，对年已七十，客居异乡的哥哥班超，产生一股强烈的依恋、怜悯心情，于是不顾一切地给皇帝上书：

妾同产兄西域都护，定远侯超，幸得以微功得蒙重赏，爵列通侯，任二千石，天恩殊绝，诚非小臣所当被蒙。超之始出，志捐躯命，冀立微功，以自陈效。会陈睦之变，道路隔绝，超以一身，转侧绝域，晓譬诸国，固其兵众，每有攻战，辄为先登。身被金夷，不避死亡，赖蒙陛下神灵，且得延命沙漠；至今积三十年，骨肉生离，不复相识；所与相随时人士众，皆已物故；超年最长，今且七十，衰老被病，头发无黑，两手不仁，耳目不聪明，扶杖乃能行，虽欲竭其全力，以报答天恩，迫于岁暮，犬马齿索，为之奈何？

蛮夷之性，悍逆侮老，而超旦暮入地，久不见代，恐开好究之原，生逆乱之心。而卿大夫感怀一切莫肯远虑，如有卒暴，超之气力，不能从心，便为上损国家累世之功，下弃忠臣竭身之用，诚可痛也！故超万里归诚，自陈苦急，延颈踰望，三年于今，未蒙省禄。

妾窃闻古者十五受兵，六十还之，亦有休息不任职也。缘陛下以至孝理天下，得万国之欢心，不遗小国之臣，况超得备候伯之位，故敢触死为超求哀，乞超余年，一得生还；复见阙庭，使国家永无劳远之虑，西域无仓猝之忧，超得长蒙文王葬骨之恩，子方哀老之急。

班昭代兄上书，说得合情合理，丝丝入扣，汉和帝览奏，也为之戚然动容。特别是文中的最后两句，引用周文王徐灵台，掘地得死人之骨，而更葬之。魏文侯之师田子方，见君弃其老马，以为少尽其力，老而弃之，非仁也，于是收而养之。两则故事明讽暗示，汉和帝认为不再有所决定，实在愧对老臣，于是派遣戊己校尉任尚出任西域都护，接替班超。

班昭以她的文采和才情使她的哥哥班超得以回朝。

任尚抵达任所，班超——予以交代完毕，任尚对班超说："任重虑浅，宜有以海之。"希望班超对他治理西域一些忠告，班超语重心长地说："塞外吏士，本非孝子顺孙，皆以罪过徙补边屯；而蛮夷怀鸟兽之心，难养易败。今君性严急，水清无大鱼，察政不得严苛，宜荡佚简易，宽小过，总大纲而已。"但班超走后，任尚私下对亲信说："我以班君当有奇策，今所言平平耳！"任尚不能借重班超的经验，竟以严急苛虐而失边和，这是后话。

汉和帝永元十四年八月，班超回到洛阳，拜为射声校尉，他离开西域疏勒时本已有病，来不及和妹妹好好地聊聊，加以旅途劳顿，回家一个月就病逝了，班昭无言以对。

班昭以她的文采，完成了哥哥班固的《前汉书》打动汉和帝的心，使哥哥班超回归洛阳。班昭的文采还表现在她写的《女戒》七篇上，虽然今天看来都是封建糟粕，但是也展现了其过人的才华。

班昭主要生活在汉和帝时代，汉和帝在班超死后不久就驾崩了，皇子刘隆生下来才一百天，就嗣位为孝殇帝，邓太后临朝听政，不到半年，殇帝又死，于是以清河王刘祜嗣位为孝安帝，孝安帝才十三岁，邓太后仍然临朝听政。

东汉皇帝短命，只有开国的光武帝刘秀活过"花甲"，六十二岁时死，其次就是明帝，四十八岁，再次是章帝三十一岁，其他多在二十岁以下，包括一大批娃娃皇帝，造成外戚专权局面。

邓太后以女主执政，班昭以师傅之尊得以参与机要，竭尽心智地尽忠。邓骘以大将军辅理军国，是太后的兄长，颇受倚重，后来母亲过世，上书乞归守制。太后犹豫不决，问策于班昭，班昭认为："大将军功成身退，此正其时；不然边祸再起，若稍有差迟，累世英名，岂不尽付流水？"邓太后认为言之有理，批准了邓骘的请求。

班昭年逾古稀而逝，皇太后为她素服举哀。

班昭是一位博学多才、品德俱优的中国古代女性，她是位史学家，也是位文学家，还是位政治家。她在曹家有一个儿子，几个女儿，儿子曹成被封为关内侯。

蔡文姬与《胡笳十八拍》

《胡笳十八拍》是感人肺腑的千古绝唱，它的作者就是蔡文姬。欣赏此诗，不要作为一般的书面文学来阅读，而应想到是蔡文姬这位不幸的女子在自弹自唱，琴声正随着她的心意在流淌。

随着琴声、歌声，我们似见她正行走在一条由屈辱与痛苦铺成的长路上……她在时代大动乱的背景前开始露面，第一拍即点"乱离"的背景：胡虏强盛，烽火遍野，民卒流亡。汉末天下大乱，宦官、外戚、军阀相继把持朝政，农民起义、军阀混战、外族入侵，陆续不断。

汉末诗歌中所写的"铠甲生机虱，万姓以死亡。白骨露于野，千里无鸡鸣"。等等，都是当时动乱现象的真实写照。蔡文姬即是在兵荒马乱之中被胡骑掠掳西去的。

被掳，是她痛苦生涯的开端，也是她痛苦生涯的根源，因而诗中专用第二拍写她被掳途中的情况，又在第十拍中用"一生辛苦兮缘别离，"指明一生的不幸源于被掳。她被强留在南匈奴的十二年间，在生活上和精神上承受着巨大的痛苦。胡地的大自然是严酷的："胡风浩浩"、"冰霜凛凛"、"原野萧条"、"流水呜咽"，异方殊俗的生活是与她格格不入的。毛皮做的衣服，穿在身上心惊肉跳："毡裘为裳兮骨肉震惊。"以肉奶为食，腥膻难闻，无法下咽，"羯膻为味兮枉遏我情"。居无定处，逐水草而迁徙，住在临时用草筏、干牛羊粪垒成的窝棚里；兴奋激动时，击鼓狂欢，又唱又跳，喧声聒耳，通宵达旦。总之，她既无法适应胡地恶劣的自然环境，也不能忍受与汉族迥异的胡人的生活习惯，因而她唱出了"殊俗心异兮身难处，嗜欲不同兮谁可与语"的痛苦的心声，而令她最为不堪的，还是在精神方面。

在精神上，她经受着双重的屈辱：作为汉人，她成了胡人的俘虏；作为女人，被迫嫁给了胡人。第一拍所谓"志意乖兮节义亏"，其内涵正是指这双重屈辱而言的。在身心两方面都受到煎熬的情况下，思念故国，思返故乡，就成了支持她坚强地活下去的最重要的精神力量。从第二拍到第十一拍的主要内容便是写她的思乡之情。第四拍的"无日无夜兮不念我故土"，第十拍的"故乡隔兮音尘绝，哭无声兮气将咽"，第十一拍的"生仍冀得兮归桑拌"，都是直接诉说乡情的动人字句。而诉说乡情表现得最为感人的，要数第五拍。在这一拍中，蔡文姬以她执着的深情开凿出一个淡远深邃的情境：秋日，她翘首蓝天，期待南飞的大雁捎去她边地的心声；春天，她仰望云空，企盼北归的大雁带来的故土的音讯。但大雁高高地飞走了，杳邈难寻，她不由得心痛肠断，黯然销魂……

在第十一拍中，她揭出示自己忍辱偷生的内心隐秘："我非贪生而恶死，不能捐身兮心有以。生仍冀得兮归桑梓，死得埋骨兮长已矣。"终于，她熬过了漫长的十二年，还乡的宿愿得偿，"忽遇汉使兮称近诏，遣千金兮赎妾身"。但这喜悦是转瞬即逝的，在喜上心头的同时，飘来了一片新的愁云，她想到自己生还之日，也是与两个亲生儿子诀别之时。第十二拍中说的："喜得生还兮逢圣君，嗟别稚子兮会无因。十有二拍兮哀乐均，去住两情兮难具陈。"正是这种矛盾心理的坦率剖白。从第十三拍起，蔡文姬就转入不忍与儿子分别的描写，出语哽咽，沉哀入骨。第十三拍写别子，第十四拍写思儿成梦，"抚抱胡几兮位下沾衣。……一步一远兮足难移，魂销影绝兮恩爱移"，"山高地阔兮见汝无期，更深夜阑兮梦汝来斯。梦中执手兮一喜一悲，觉后痛吾心兮无休歇时"，极尽缠绵，感人肺腑。宋代范时文在《对床夜话》中这样说："此将归别子也，时身历其苦，词宣乎心。怨而怒，哀前思，千载如新；使经圣笔，亦必不忍删之也。"蔡文姬的这种别离之情，别离之痛，一直陪伴着她，离开胡地，重入长安。屈辱的生活结束了，而新的不幸：思念亲子的痛苦，才刚刚开始。"胡与汉兮异域殊风，天与地隔兮子西母东。苦我怨气兮浩于长空，六合虽广兮受之应不容。"全诗即在此感情如狂潮般涌动处曲终罢弹，完成了蔡文姬这一怨苦向天的悲剧性的人生旅程。

《胡笳十八拍》既体现了蔡文姬的命薄，也反映出她的才高。《胡笳十八拍》在主人公，即蔡文姬自己的艺术形象创造上，带有强烈的主观抒情色彩，即使在叙事上也是如此，写被掳西去，在胡地生育二子，别儿归国，重入长安，无不是以深情唱叹出之。

如写被掳西去："云山万重兮归路遐，疾风千里兮扬尘沙。人多暴猛兮如狂蛇，控弦被甲兮为骄奢"，处处表露了蔡文姬爱憎鲜明的感情——"云山"句连着故土之思，"疾风"句关乎道路之苦。强烈的主观抒情色彩，更主要地体现在感情抒发的突发性上。蔡文姬的感情，往往是突然而来，忽然而去，跳荡变化，匪夷所思。正所谓"思无定位"，甫临沧海，复造瑶池。并且诗中把矛头直指天、神："天不仁兮降乱离，地不仁兮使我逢此时。""为天有眼兮何不见我独漂流？为神有灵兮何事处我海北天南头？我不负天兮天何配我殊匹？我不负神兮神何殛我越荒州？"把天、神送到被告席，更反映出蔡文姬的"天无涯兮地无边，我心愁兮亦复然"，"苦我怨气兮浩于长空"的心情。

《胡笳十八拍》的艺术价值很高，明朝人陆时雍在《诗镜总论》中说："东京风格颓下，蔡文姬才气英英。读《胡笳吟》，可令惊蓬坐振，沙砾自飞，真是激烈人怀抱。"《胡笳十八拍》的艺术价值高，与蔡文姬的才高有关，蔡文姬的才高是由她的家世和社会背景造成的。

蔡文姬名琰，既字文姬，又字明姬，她的父亲便是大名鼎鼎的大儒蔡邕。

蔡邕就是蔡伯喈，有一出《琵琶记》的唱词，说的是蔡伯偕中状元后，不认发妻赵五娘，别娶丞相之女，可说是厚诬古人。东汉时根本没有状元，也没有别娶丞相之女这回事。对此南宋陆游曾感叹系之，他说："身后是非谁管得，隔村听唱蔡中郎。"蔡邕不可能中状元，但他的才学在当时得到举世公认却是事实。汉灵帝时、他校书东观，以经籍多有谬误，于是为之订正并书写镌刻在石碑上，立在大学门外，当时的后生学子都就此石经校正经书，每日观览摩写的不绝于途。这些石碑在动乱中，在洛阳大火中受到损坏，经过一千八百多年，洛阳郊区的农民在犁田时掘得几块上有字迹的石块，经人鉴定就是当年蔡邕的手书，称为"熹平石经"，现在珍藏在历史博物馆中。

蔡邕是大文学家，也是大书法家，梁武帝称他："蔡邕书，骨气洞达，爽爽如有神力。"当代史学家范文澜讲："两汉写字艺术，到蔡邕写石经达到最高境界。"他的字整饬而不刻板，静穆而有生气。除《嘉平石经》外，据传《曹娥碑》也是他写的，章法自然，笔力劲健，结字跌宕有致，无求妍美之意，而具古朴天真之趣。

此外，蔡邕还精于天文数理，妙解音律，在洛阳俨然是文坛的领袖，像杨赐、玉灿、马月碑以及后来文武兼资，终成一代雄霸之主的曹操都经常出入蔡府，向蔡邕请教。

蔡文姬生在这样的家庭，自小耳濡目染，既博学能文，又善诗赋，兼长辩才与音律就是十分自然的了，可以说蔡文姬有一个幸福的童年，可惜时局的变化，打断了这种幸福。

东汉政府的腐败，终于酿成了黄中军大起义，使豪强地主为代表的地方势力扩大。

大将军何进被宦官十常侍杀后，董卓进军洛阳尽诛十常侍，把持朝政，董卓为巩固自己的统治，刻意笼络名满京华的蔡邕，将他一日连升三级，三日周历三台，拜中郎将，后来甚至还封他为高阳侯。董卓在朝中的逆行，引起各地方势力的联合反对，董卓火烧洛阳，迁都长安，董卓被吕布所杀。蔡邕也被收付廷尉治罪，蔡邕请求黥首刖足，以完成《汉史》，士大夫也多怜惜而救他，马日碑更说："伯喈旷世逸才，诛之乃失人望乎？"但终免不了一死，徒然地给人留下许多议论的话题，说他"文同三闾，孝齐参骞"。在文学方面把他比作屈原，在孝德方面把他比作曾参和闵子骞，当然讲坏话的也不少。

董卓死后，他的部将又攻占长安，军阀混战的局面终于形成。

羌胡番兵乘机掳掠中原一带，在"中土人脆弱、来兵皆胡羌，纵猎围城邑，所向悉破亡。马边悬男头，马后载妇女，长驱入朔漠，回路险且阻"的状况下，蔡文姬与许多被掳来的妇女，一齐被带到南匈奴。

这心境是可以想象得到的，当初细君与解忧嫁给乌孙国王，王昭君嫁给呼韩邪，总算是风风光光的占尽了身份，但由于是远适异域，产生出无限的凄凉，何况蔡文姬还是被掳掠呢！饱受番兵的凌辱和鞭笞，一步一步走向渺茫不可知的未来，这年她二十三岁，这一去就是十二年。

在这十二年中，她嫁给了虎背熊腰的匈奴左贤王，饱尝了异族异乡异俗生活的痛苦。

当然她也为左贤王生下两个儿子，大的叫阿迪拐，小的叫阿眉拐。她还学会了吹奏"胡笳"，学会了一些异族的语言。

在这十二年中，曹操也已经基本扫平北方群雄，把汉献帝由长安迎到许昌，后来又迁到洛阳。曹操当上宰相，挟天子以令诸侯。人一旦在能喘一口气的时侯，就能想到过去的种种，尤其是在志得意满的时侯，在这回忆中，想到少年时代的老师蔡邕对他的教导，想到老师没有儿子，只有一个女儿。当他得知这个当年的女孩被掳到了南匈奴时，他立即派周近做使者，携带黄金千两，白璧一双，要把她赎回来。

蔡文姬多年被掳掠是痛苦的，现在一旦要结束十二年的膻肉酪浆生活，离开对自己恩爱有加的左贤王，和天真无邪的两个儿子，分不清是悲是喜，只觉得柔肠寸断，泪如雨下。在汉使的催促下，她在恍惚中登车而去，在车轮辚辚的转动中，十二年的生活，点点滴滴注入心头，从而留下了动人心魄的"胡笳十八拍"。

南匈奴人在蔡文姬去后，每于月明之夜卷芦叶而吹笳，发出哀怨的声音，模仿蔡文姬的"胡笳十八拍"，成为当地经久不衰的曲调。中原人士也以胡琴和筝来弹奏《胡笳十八拍》非常盛行，据传中原的这种风尚还是从她最后一个丈夫董祀开始的。

> 蔡女昔造胡笳声，一弹一十有八拍；
> 胡人落泪沾边草，汉使断肠对归客。

唐朝人李颀发出这样的感慨。

蔡文姬是悲苦的"回归故土"与"母子团聚"都是美好的，人人应该享有的，在她却不能两全。

蔡文姬在周近的卫护下回到故乡陈留郡，但断壁残垣，已无栖身之所，在曹操的安排下，嫁给田校尉董祀，这年她三十五岁，这年是公元二〇八年，这年爆发了著名的"赤壁之战"。坎坷的命运似乎紧跟着这个可怜的孤女，毫不放松。就在她婚后的第二年，她的依靠、她的丈夫又犯罪当死，她顾不得嫌隙，蓬首跣足地来到曹操的丞相府求情。

曹操正在大宴宾客，公卿大夫，各路驿使坐满一堂，曹操听说蔡文姬求见，对在座的说："蔡伯喈之女在外，诸君谅皆风闻她的才名，今为诸君见之！"蔡文姬走上堂来，跪下来，语意哀酸地讲清来由，在座宾客都交相诧叹不已。曹操说道："事情确实值得同情，但文状已去，为之奈何？"蔡文姬恳道："明公厩马万匹，虎士成林，何惜疾足一骑，而不济垂死一命乎？"说罢又是叩头。曹操念及昔日与蔡邕的交情，又想到蔡文姬悲惨的身世，倘若处死董祀，文姬势难自存，于是立刻派人快马加鞭，追回文状，并宽宥其罪。

蔡文姬自朔漠归来以后嫁给董祀，起初的夫妻生活并不十分和谐。就蔡文姬而言，饱经离乱忧伤，已经是残花败柳之身了，再加上思念胡地的两个儿子，时常神思恍惚。

而董祀正值鼎盛年华，生得一表人材，通书史，谙音律，是一位自视甚高的人物，对于蔡文姬自然有一些无可奈何的不足之感，然而迫于丞相的授意，只好勉为其难地接纳了她。董祀犯罪当死，何尝不是在不如意的婚姻中，所产生的叛逆行为所得到的结果呢？

蔡文姬当然明白其中的道理，因而铆足了劲，要为丈夫开脱，终于以父亲的关系，激起曹操的怜悯之心，而救了董祀一命。

从此以后，董祀感念妻子的恩德，在感情上作了一百八十度的大转弯，开始对蔡文姬重新评估，夫妻双双也看透了世事，溯洛水而上，居在风景秀丽，林木繁茂的山麓。

若干年以后，曹操狩猎经过这里，还曾经前去探视。

相传，当蔡文姬为董祀求情时，曹操看到蔡文姬在严冬季节，蓬首跣足，心中大为不忍，命人取过头巾鞋袜为她换上，让她在董祀未归来之前，留居在自己家中。曹操的文学也是震古铄今的，这样的人就特别的爱书，尤其是难得一见的书，在一次闲谈中，曹操表示出很羡慕蔡文姬家中原来的藏书。当蔡文姬告诉他原来家中所藏的四千卷书，几经战乱，已全部遗失时，曹操流露出深深的失望，当听到蔡文姬还能背出四百篇时，又大喜过望，立即说："既然如此，可命十名书吏到尊府抄录如何？"蔡文姬惶恐答道：

"妾闻男女有别，礼不授亲，乞给草笔，真草唯命。"这样蔡文姬凭记忆默写出四百篇文章，文无遗误，满足了曹操的好奇心，也可见蔡文姬的才情。

蔡文姬传世的作品除了《胡笳十八拍》外，还有《悲愤诗》，被称为我国诗史上文人创作的第一首自传体的五言长篇叙事诗。"真情穷切，自然成文"，激昂酸楚，在建安诗歌中别拘一体。

蔡文姬一生三嫁，在被掠到南匈奴之前，曾远嫁河东卫家，卫家是河东世族，她的丈夫卫仲道更是大学出色的士子，夫妇两人恩爱非常，可惜好景不长，不到一年，卫仲道便因咯血而死。蔡文姬不曾生下一儿半女，卫家的人又嫌她克死了丈夫，当时才高气傲的蔡文姬不顾父亲的反对，毅然离开卫家回到老家。她最后嫁给董祀，也生有一儿一女，女儿嫁给了司马懿的儿子司马师为妻。

关于她的婚姻，丁廙在《蔡伯喈女赋》是这样说的：

"伊大宗之令女，禀神惠之自然；
在华年之二八，披邓林之曜鲜。
明六列之尚致，服女史之语言；
参过庭之明训，才朗悟而通云。
当三春之嘉月，时将归于所天；
曳丹罗之轻裳，戴金翠之华钿。
美荣跟之所茂，哀寒霜之已繁；
岂偕老之可期，庶尽欢于余年。"

盛称蔡文姬的资质与修为，想不到一个博学多才的好女子，命运是如此凄惨，婚姻生活如此不幸。蔡文姬一生坎坷，大致已如上述。有人认为：蔡文姬受辱虏庭，诞育胡子，文辞有余，节烈不足，又另当别论。

宋代画苑中有《文姬归汉图》，而戏剧也有《文姬归汉》的剧目，这是后话。

董小宛从名妓到贤妻

清宫有四大疑案，第一个是顺治出家，据说顺治出家是为了一个汉族女子——董小宛。而董小宛原又本是大名士冒辟疆的小妾，据说冒辟疆因顺治从他手中夺走董小宛而悲痛欲绝。说道：

"梦幻尘缘，伤心情动，莺莺远去，盼盼楼空。倩女离魂，萍踪莫问。扬钩海畔，谁证前盟；把臂林边，难忘往事。金莲舞后，玉树歌余，桃对无踪，柳枝何处？嗟嗟，萍随水，水随风，萍枯水尽；幻即空，空即色，幻灭全灵。能所双忘，色空并遣；长歌寄意，缺月难圆。"并写下了一阕《金人捧露盘词》，寄托悲思。

但疑案毕竟是疑案，真实的情况却与之颇有出入。

苏州城外有条半塘河，河水清缓；两岸风景秀丽宜人，在出城不远的河畔有一座不知名的小山，山上竹林幽幽，静如世外桃园。山边原本没有人家，只有三两座简易的亭子，供来此清心的游人休息。后来这里筑起了一座小楼，楼虽不大，却修得别致典雅，楼中住着一对母女和几个传婢。这母女俩日子似乎过得十分悠闲，每日里沉醉于山水间，看片石孤云，流水落花，累了便在院中花亭里弹琴吟诗，品茗对弈，似乎不为生计所累。

　　是谁家的女眷有这份闲情逸志呢？她们本是城内"董家绣庄"的女主人和千金小姐。

　　"董家绣庄"是苏州小有名气的一家苏绣绣庄，因活计做得精细，所以生意一直兴隆。

　　董家是苏绣世家，到这一代已有两百多年的历史了，别看刺绣属于工艺制造行业，可十分接近于绘画艺术，所以董家还颇有几分书香气息。女主人白氏是一个老秀才的独生女儿，老秀才平生不得志，只好把满腹经纶传给了女儿。白氏为董家生了个千金，为寄夫妻融洽之情，取名白，号青莲，小闺女不但模样儿俊秀，脑子还十分灵慧，父母视如至宝，悉心教她诗文书画、针线女红，一心想调教出一个才德俱全的姑娘。

　　这本是个美满幸福的家庭，不料天有不测风云，董白十三岁那年，父亲在暑天患上了暴痢，药不凑效，不久便撒手人寰。这突如其来的变故，将董白母女打击得心神憔悴，料理完丈夫的后事，白氏不愿在城中的旧宅中继续住下去，睹物思人，倍感悲伤；于是花了一笔钱，在半塘河滨筑下了幽室，带着女儿隐居其中，过一种与世相隔的恬淡生活，绣庄的事则全委托伙计去掌管。

　　两年时光在不知不觉中淡淡流走了，此时已是明朝末年。朝廷腐败，枭雄四起，天下陷入战乱之中。到了崇祯九年，乱象已迫近苏州，人们不由得惶惶不安，白氏也打算关闭绣庄的生意，收回资金以备随时逃难。谁知绣庄伙计一算账，不但没有银两剩余，反而在外面欠下了上千两银子的账。分明是伙计从中捣鬼，白氏又无法把握，又气又急，终于病倒在床。母亲倒下，绣庄破产，债务压头，生活的重担猛地压到了十五岁的董白身上，她仿佛从云端跌入了冰窖，一时间无法睁开眼睛。

庞大的债务能拖则拖，母亲的医药费用却迫在眉睫。从小随母亲隐居世外的董白已养成一副孤高自傲的性格，哪里肯低三下四地向人借贷。一急之下使出下策，答应了别人的引荐，来到南京秦淮河畔的画舫中卖艺，改名小宛。

董小宛秀丽的容貌，超尘脱俗的气质使她很快就在秦淮河出了名。为生活所迫，她不得不曲意卖笑，但她那清高的脾气有时不免露了出来，得罪了一些庸俗的客人，然而却赢得了一些高洁之士的欣赏。董小宛孤芳自赏，自怜自爱，决不肯任凭客人摆布，如此一来，影响了鸨母的进账，鸨母自然对她冷嘲热讽，董小宛郁怒之下，一跺脚离开南京，回到了苏州。可家中母亲依然躺在病床上，离不开请医吃药，一些债主听说董小宛回了家，也纷纷上门催债，董小宛无力应付，只好重操旧业，索性将自己卖到半塘的妓院，卖笑、陪酒、陪客人出游。

在半塘，董小宛依然抱定不卖身的初衷，而为了生存，她不得不压抑住自己的那份清高，把一份毫无实际内容的媚笑卖给客人。倒是有一种客人，既有闲情、闲暇，又有足够的财力，便能带上个中意的青楼女游山逛水，享受自然风情。对陪客出游，董小宛是最有兴趣的，虽说那些能有此雅举的多是上了年纪的人，可那时董小宛醉心于山水之间，并不觉得白发雅士有可憎之处。在旖旎风光的衬托下，她也容易涌动柔情，而真心真意地给客人以娇媚娇笑。因此，她三番五次地受客人之邀，游太湖、登黄山、泛舟西湖，一去就是十天半月。就在董小宛离开秦淮河不久，却有一公子慕名到秦淮河去寻访她，那位公子就是冒辟疆。这冒辟疆出身于官宦之家，虽无功名，却胸怀大志，富有正义。天启年间，阉党魏忠贤阴谋弄权，惑乱朝纲，冒辟疆联合一批有志之士结社金陵，伸张正义，其中较有名的是"四公子"。"四公子"分别是陈贞慧、方密之、侯方域、冒辟疆，皆年少有才之士。无奈终因势弱力薄，不但未成气候，还惨遭阉党摧折，冒辟疆虽免于难，但前途深受影响，只好暂时寄情于山水声色之中。

这年秋天，二十九岁的冒辟疆来南京参加乡试。说起乡试，冒辟疆已参加过三次，凭他的才学早该中举，可在应试作文中，本应循规蹈矩，就经解经，他却要联系时势，针砭政局，自然违背了主考官的要求，所以屡试屡败。此次应试他也并不打算改变自己的风格，只看能否遇上个有眼力的主考官，否则就任其落第。与冒辟疆抱着同样心情来应试的还有他的好友方密之，两人全不把考试放在心上，见考前有点空暇，便相约往秦淮河去散心。方密之早听人说起秦淮河来了个冰清玉洁的"冷美人"董小宛，在青楼女子中别树一格，正合方密之等人的口味，因而与冒辟疆两人特意前往造访，不料董小宛却已睹气离开了秦淮河。

后来乡试发榜，冒辟疆又一如既往地名落孙山，他没有失望。只是暗叹自己生不逢时，收拾了行装，便转往苏州闲游去也。在苏州，冒辟疆一边访胜探幽，一边打听董小宛的下落，得知她已在半塘待客，便又兴致勃勃地专程拜访。偏不凑巧，董小宛已受人之邀游太湖去了。之后又接连去了好几次，都无缘见到董小宛，直到准备离开苏州的前夕，没抱多大希望地来到半塘，却终于得以与她相晤。这是一个深秋的寒夜，董小宛刚刚参加酒宴归来，正微带醉意斜倚在床头。见来了客人，她想挣扎着起身，无奈酒力未散，坐起来都有些摇晃。冒辟疆见状忙劝她不必多礼，让传婢在小宛床头摆了个坐凳，便在她身边坐了下来。冒辟疆自我介绍后，董小宛称赞说："早闻'四公子'大名，心中倾佩已久!"脸上果然露出欣喜的神色。冒辟疆没想到一个风尘女子竟然对他们这匡扶正义的行为大感兴趣，不由得对她肃然起敬，细打量董小宛，素衣淡妆，眉清目爽，果然与一般欢场女子大相径庭，此时虽醉意朦胧，娇弱不堪，却依然思路清晰，谈吐不俗，纵谈时局，颇有见地。怜惜伊人酒后神倦，冒辟疆坐了不到半个时辰就匆匆离去，就是这半个时辰的交谈，已使他对董小宛留下了深刻的印象。

这时冒辟疆已出游日久，囊中羞涩，不得不按原计划离开苏州回家乡如皋去了，心里则暗藏着对小宛的眷恋。

第二年春天，冒辟疆再到苏州访董小宛，却又听说她陪钱谦益游览西湖去了，而且准备游完西湖再转道黄山观赏奇峰苍松，不知何时方能归来。冒辟疆只好悻悻地回去了。

转眼又是春江水暖的季节，冒辟疆奉母命往襄阳探望在那里做官的父亲，经过苏州，又禁不住往半塘寻访董小宛。这次小宛又陪客人远游黄山去了，冒辟疆失望之极，自叹：

"竟是如此无缘!"失望之余，他结识了当地名妓陈圆圆，两人十分投缘，相携游历了苏州的山山水水，冒辟疆离去时还约定初夏返乡时，还来与她同赏虎丘石榴。

到襄阳探望父亲，小住一段时间后即如约来到苏州，这时陈圆圆却已被嘉定伯周奎聘去京都。冒辟疆怅然若失，怀着悒郁的心情只身雇舟前往虎丘。小舟沿着半塘河缓缓而行，冒辟疆漫无目的地欣赏着两岸的风景，小舟穿过一座青石小桥，眼前一片绿意融融的柳树林，抬眼望去，柳丝深处竟隐隐约约透出一幢小楼的檐角，在青山绿树的映衬下，显得如诗如画。这等僻静之地还有人家？那定是什么方外隐士、世外高人了！冒辟疆一时来了兴趣，便命舟子将船系在了柳树上，他则登岸向小楼走去。

小楼的院门紧闭，悄无声息，冒辟疆上去唤了几次，才有一个小丫环来开门，一打听，此处竟是董小宛的家。此时董母新丧，刚办完丧事，董小宛忧伤难持，正病倒床榻。

冒辟疆心中猛地一怔，忙称自己是董小宛的朋友，特来拜访。

小丫环禀报了主人后，来请客人进屋，并径直将客人引入了董小宛卧房。这是冒辟疆第二次见到小宛，与上次一样，她也是斜卧床头，只是上次带着娇憨的笑容，这次却是满脸的凄怆。冒辟疆满怀同情地将她宽慰一番，并且说了自己几次寻访都吃了闭门羹的经过，董小宛露出一丝歉意和欣慰。见她病体虚弱，冒辟疆几次提出早早归去，董小宛却殷勤挽留，两人直谈到深夜才分手。

第二天一早，冒辟疆忍不住又雇舟来到小宛家，两人并没有约定，小宛却笑盈盈地站在门外相迎。一夜之间病竟好了大半，也似乎料定冒辟疆今天会来。董小宛将冒辟疆迎进了屋，奉上茶，小宛幽幽地自言自语道："此番公子前来，妾身的病竟然不药而愈，看来与公子定有宿缘，万望公子不弃！"冒辟疆听了不甚欢喜，又怕对方是一时之兴。

便探试道："小生与姑娘交浅言少，姑娘难道不为此话后悔吗？董小宛心意坚定地说："风尘打滚，阅人不少，如蒙公子不弃，妾身算是跟定公子了！"冒辟疆兴奋得一把搂住她，小宛则在他怀中嘤嘤地抽泣起来。

冒辟疆此行还需到南京参加乡试后再回家乡，他与董小宛约好，一等乡试结束，就马上返回苏州为她赎身，再相伴回到如皋。

对考试冒辟疆可以说是轻车熟路，反正也不抱太大的希望，轻轻松松做完考卷，便兴冲冲地离开闱场，一心想着早日飞到小宛身边。他正边想边走，忽听到一个清脆的声音在叫他的名字，抬头一看，那不是小宛吗？她站在闱场对面的旗座旁，带着灿烂的笑容向他招手。冒辟疆连忙跑上前去，一把握住小宛的手。关切地问："你怎么来了！""我自己有脚，就怎么不能来，我已到了三天，怕搅扰公子，未敢来见呢！"董小宛含娇带嗔地诉说着，还告诉说，她所乘的船在江上遇到强盗，幸亏船家机敏，将船藏在芦苇中躲了三天才脱险，把乘客都吓得半死。冒辟疆轻轻抚摸着她的发际，传递着无言的怜爱和安慰。

不久乡试揭榜，冒辟疆再次落第。这时他已过而立之年，既然仕途难成，便索性打定主意归乡隐居，董小宛对他的决定由衷地赞同，她早就向往那种布衣素食、朝夕相依的平淡生活。什么夫贵妻荣，她早已看穿了那一套。

冒辟疆带着小宛回苏州赎身，不料又遇上了麻烦，因董小宛在半塘名气太大，不论出多少银子，鸨母都不想放走这棵摇钱树。就在他们一筹莫展之际，钱谦益偕同柳如是来游苏州。柳如是是董小宛当初卖笑秦淮河时的好姐妹，钱谦益也曾与她有过颇深的交情，他如今虽然免官闲居，但在江南一带名望甚高，经他出面调排，董小宛赎身之事迎刃而解。

这时已是崇贞十五年隆冬季节，冒辟疆与董小宛顶风冒雪赶往如皋。一路上，他们不愿意放弃观光赏景的好机会，走走停停，寻幽访胜，直到第二年初春才到达如皋的冒家。

冒家十分通情达理，顺利地接受了董小宛这位青楼出身的侍妾。因为他们相信冒辟疆的眼光。这时冒辟疆的父亲已从襄阳辞官归家，一家人欢聚一堂，共享天伦之乐。冒辟疆的原配妻子秦氏体弱多病，董小宛便毫无怨言地承担起理家主事的担子来，恭敬柔顺地侍奉公婆及大妇，悉心照料秦氏所生二男一女。冒家的全部账目出入全由她经手，她料理的清清楚楚，从不私瞒银两。小宛还烧得一手好菜，善做各种点心及腊味，使冒家老少大饱口福，在众人的交口称赞中，小宛得到了无限的满足。对丈夫，小宛更是关照得无微不至，冒辟疆闲居在家，潜心考证古籍，著书立说，小宛则在一旁送茶燃烛

有时也相帮着查考资料、抄写书稿；丈夫疲惫时，她则弹一曲古筝，消闲解闷。

宁静和谐的家庭生活刚刚过了一年，国家出现了轰轰烈烈的战乱，李自成攻占北京，清兵入关南下，江南一带燃起熊熊战火。清军肆虐无忌，冒家险遭涂毒，幸亏逃避得快，才得以保住了全家的性命，然而家产却在战乱中丢失得一干二净。

战乱过后，冒家辗转回到劫后的家园，缺米少柴，日子变得十分艰难，多亏董小宛精打细算，才勉强维持着全家的生活。就在这节骨眼儿上，冒辟疆却病倒了，下痢兼虐疾，把他折磨得不成人形。疟疾发作寒热交作，再加上下痢腹痛，冒辟疆几乎没有一刻能得安宁。为照顾他，董小宛把一张破草席摊在床榻边作为自己的卧床，只要丈夫一有响动，马上起身察看，恶寒发颤时，她把丈夫紧紧抱在怀里；发热烦躁时，她又为他揭被擦澡；腹痛则为他揉摩；下痢就为他端盆解带，从没有厌倦神色。经过五个多月的折腾，冒辟疆

的病情终于好转，而董小宛已是骨瘦如柴，仿佛也曾大病了一场。

日子刚刚安稳不久，冒辟疆又病了两次。一次是胃病下血，水米不进。董小宛在酷暑中熬药煎汤，紧伴枕边伺候了六十个昼夜；第二次是背上生疽，疼痛难忍，不能仰卧，董小宛就夜夜抱着丈夫，让他靠在自己身上安寝，自己则坐着睡了整整一百天。

艰难的生活中，饮食难饱，董小宛的身体本已虚弱，又加上接连三次照料丈夫的病痛，冒辟疆病愈后，她却病倒了。由于体质已极度亏虚，冒家多方请来名医诊治，终难凑效。顺治八年正月，在冒家做了九年贤妾良妇的董小宛终于闭上了疲惫的眼睛，在冒家的一片哀哭声中，她走得是那样安详。

李清照 "生当为人杰"

一对描金彩绘龙凤喜烛，插在修长的美人型烛台上，它的光焰欢快地跳跃着。两盏垂着金色流苏的八角薄纱大红宫灯，悬在屋中央，把洞房四壁映成了一片绯红。新人静静地坐在妆台前，绣红的大红盖头把她和周围的一切隔开了，眼前只是一片红色的神秘的朦胧。新娘名叫李清照，是宋徽宗时礼部员外郎李格非的女儿。就要为人之妇了，她不由想到，十八年恬静的闺阁生活，一晃就过去了。还是攀坐在父亲膝头的年龄，上百首古诗就已能朗朗上口，到了少女时期，执笔属文，展卷吟诗，更是锦心绣口，谈吐风流。她一天天长大，在婷婷玉立的风姿之外，更多了一层至诚淳朴的书卷气。她以王献之的字帖学书，写得一手秀丽的小楷，铁划银钩；她对前朝李思训、王维的金碧、水墨两大画派都十分酷爱，也常常研朱挥毫，作几幅翎毛花卉。她通音律，早在儿时就已学会抚琴；她父亲常对她母亲感叹："我的清儿若是个须眉男子，采芹入泮，怕不像探囊取物一般容易！"现在她就要成为吏部侍郎赵挺之的儿媳，青年太学生赵明诚的妻子，她不由感慨系之。正是冬天，一个丫环特地送来一枝梅花，拜过天地，喝过交杯酒，她和赵明诚入了洞房。

赵明诚酷好金石，在攻读经史之余，对于彝器、书帖、字画，每每刻意搜求。晃眼婚后一年的时间过去了，李清照对于金石学也有了浓厚的兴趣，帮助丈夫考证、鉴别。

夫妻之间的感情也愈来愈深，赵明诚在太学读书，每月朔、望才能请假回来，尽管同在一个汴京城中，李清照仍觉得如隔迢迢云汉，半月一次的相逢，也当作一年一度的七夕。

这天是上元佳节，正好也是赵明诚回家的日子，赵明诚刚在书房中坐定，丫环来报，有一位太学来的青年公子求见。当那公子走进书房，但见他头戴绣花儒巾，身着湖色棉袍，足登粉底缎靴，眉清目秀，风度翩翩。赵明诚连忙起坐，动问尊姓大名。那书生举止潇洒，还了一揖，答道："小生与兄素有同窗之谊。半月不见，吾兄为何如此健忘？"赵明诚醒过神来，不觉哈哈大笑，一把扯过女扮男装的妻子。吃过午饭后，男装的李清照带着丫环，随着赵明诚穿街过巷，来到全城的中心大相国寺。游过了大相国寺，折进一家外灶内堂的小吃铺里，赵明诚专拣那市井之人惯吃而李清照见也没有见过的小吃，让李清照都尝一点，然后又在流浪艺人的担子上买了些小泥人之类的玩物。大家闺秀出身的李清照第一次走上街头，自然是格外新奇，格外快活。

岁月就这样无忧无虑地过去了。

不料，赵挺之与李格非都因得罪权臣蔡京而罢官，赵挺之在一波三折的政治斗争中死去，赵家父死家败，心寒已极，赵明诚与李清照离开汴京，回到赵明诚的故乡青州。

赵明诚性情淡泊，屏居乡里后，更加潜心于金石书画的搜求研究，家中原有的一点积蓄，除了衣食所需之外，几乎全用于搜求书画古器。前几年赵明诚刚出仕时，就对李清照说过："宁愿饭蔬衣简，亦当穷遍方绝域，尽天下古文奇字。"李清照深深理解丈夫的志趣，把他这种爱好，比作杜预的"左传"癖和王维的"书画"癖，李清照千方百计缩减衣食的支出，自己以荆钗布裙，代替了明珠翠羽，而每得一帖罕见的古书、名画或彝鼎金石，夫妇二人便共同校勘、鉴赏、整集签题，指摘瑕疵，其乐融融。李清照在史事上的博闻强记，甚至超过赵明诚，令赵明诚赞叹不已，欢喜不已。

有时夫妻俩也谈论诗文。一天，赵明诚说道："我就喜欢你那些'惊起一滩鸥鹭'，'夹衫乍著心情好'，'梨花犹谢恐难禁'一类句子，仿佛不经意为之，可是我苦苦寻思，却总也想不到，道不出。若刻意斧凿，反倒弄巧成拙。"李清照说道："我幼年弄笔之初，常听父亲说：'文不可苟作，诚不著焉，则不能工。且晋人能文者多矣，至刘伶《酒德颂》，陶渊明《归去来辞》，字字如肝肺出，遂高步晋人之上，其诚著也。'古人云：言为心声。乐府诗词并著，讲究词随意发，情景交融。或吟或唱，均可使人心动情随。若刻意雕琢，工求纤丽，就味同嚼蜡了。"接着两人又讨论起本朝的词家柳永、苏轼、王安石。

李清照认为柳永词的缺点是：多写风尘浪子，词语尘下。苏轼的词是：只可称为句读不葺之诗，却不可称之为词，是念得唱不得的。王安石、曾巩的词则更是读也读不得。

光阴荏苒，在一个秋风萧瑟，桂子飘香的时节，赵明诚得到友人刘跂的书信，约他到泰山访古，李清照无法随他一起去泰山，就帮丈夫打点行囊，备下菜食，为丈夫饯行，席上李清照在一幅锦帕上写下了为赵明诚送别的一阕《一剪梅》：

　　　　红藕香残玉簟秋。轻解罗裳，独占兰舟。

　　　　云中谁寄锦书来，雁字回时，月满西楼。

　　　　花自飘零水自流。一种相思，两处闲愁。

　　　　此情无计可消除，才下眉头，却上心头。

赵明诚读了此词，就把登泰山、访古碑的心思，减去一半；人虽离家愈来愈远，心却愈来愈近，身还未到泰山，心却早已在计算归期了。

赵明诚与李清照结婚二十六年了，二十六年来，政局一直处在急剧的变化和动荡之中。宋徽宗是一个有艺术才华的皇帝，除了笃信道教外，还擅长书、画、乐、舞，喜欢醇酒、美人。精神上的奢靡，必须有物质上的奢靡作后盾，于是蔡京专门派人到全国各地搜罗名花、奇石、佳树、珍玩运到京都，供他观赏。运送这些花石树木的车船，便称为"花石纲"。"花石纲"所经之处，民夫猬集，钱谷一空。徽宗又在都城内兴建祭祀用的"明堂"，安放九鼎用的"九成宫"和供游赏的"延福宫"，穷极奢丽，激起各地起义，金军南下，北宋灭亡，宋室南渡，赵构成了南宋的第一个皇帝，定国号

"建炎"。

已是建炎三年，赵明诚被朝廷罢去江宁太守的职务，夫妻两人乘船决定到洪州暂住，一路行来，两人谈论的都是国家兴亡。

李清照说道："皇皇华夏，自古不乏英雄豪杰。就说我们大宋吧，这几年，出了多少忠肝义胆之士！李纲李枢相以文臣而兼武事，受命于危难之际；宗泽宗留守以孤军扼守危城、弥留之际高呼渡河；就拿那位年轻的太学生陈东来说，以书生而赴国难，几次伏阙上书，终至被朝廷斩首。丹心碧血，浩气长存。"赵明诚续道："古代蜀国望帝禅位出奔，还日夜思念故国，化为啼血的子规。如今，二帝蒙尘，神州板荡，又有谁思念我们这风雨飘摇的故国呢？"船队已进入和州境内，李清照指着北岸向西的一道水流对赵明诚说："那就是霸王自刎的乌江啊！你刚才说得好，望帝怀念故国，化作子规，啼血哀鸣，就是那漫山遍野的杜鹃，也变作了他的满腔碧血！楚霸王逐鹿败北，无颜见江东父老，宁肯一死以谢天下。这比起那弃天下百姓于不顾，苟且偷生，偏安一隅的人，要有气节得多！"言罢，禁不住击打船上的桅杆，放声吟道：

　　生当为人杰，死亦为鬼雄；
　　至今思项羽，不肯过江东！

就在同一年，再赴建康任职的赵明诚死在刚上任不久的太守府中，李清照赶到建康，为赵明诚营葬，终于支持不住，猝然病倒。赵明诚死了，李清照的爱情与希望跟着死去，她多么渴望在九泉之下追到赵明诚，然而她还必须活着。她把哀怨而失神的目光投射在床头一卷卷书册上，一个意念愈来愈鲜明地在心头升起，为赵明诚整理他所写的有关为金石彝器考证文章，因为这些金石彝器是夫妇两人二十九年来共同欢乐的源泉。

又是五年过去了，李清照带着他们夫妇残存的书画、金石、碑帖和赵明诚的一些手稿，流徙东西各地，先后到了越州、台州、温州、衢州，最后到了杭州。

又是两年过去了，再过一天就是上元佳节，隔壁邻家的院子里传来阵阵的笛声，夹杂着江南水乡的莲歌渔唱，李清照掀帘走进屋内，只见条几上的古瓶里，斜插着几枝梅花，地上的火盆里炭火正旺。这些使李清照豁然想到三十几年前的新婚之夜，也是通红的炭火，也是清香的梅花。邻家的笛声停了，传来几个少女的说笑，李清照来到窗前向那边望去，只见三四个十六七岁的少女插着满头珠饰儿，戴着铺翠小冠儿，红妆艳裹，立在残雪的院子里，准备去看上元的花灯。三十多年前，中州盛日，汴京街头，在她们这样年龄，她也曾换了男装，和丈夫一道去观灯夜游的，李清照想得呆了。李清照转过身来，默默地从书架上取了赵明诚的手稿，放在书案上，恋恋地抚摸着那经自己补充誊录的赵明诚手稿，闭上眼睛，流下两行清泪。城中远处，隐隐传来鞭炮的噼啪声和孩子的欢笑声，夜已深沉，李清照取出一幅素笺，反复沉思吟咏，写出：《永遇乐·元宵》

落日熔金，暮云合壁，人在何处。染柳烟浓，吹梅笛怨，春意知几许，元宵佳节、融和天气、次第岂无风雨？来相召，香车宝马，谢他酒朋诗侣。

中州盛日，闺门多暇，记得偏重三五。铺翠冠儿，捻金雪柳，簇带争济楚。如今憔悴，风鬟雾鬓，怕见夜间出去。不如向帘儿低下，听人笑语。

秋风瑟瑟，秋雨潇潇，又是八月。经过几年的辛勤工作，李清照将赵明诚研究金石的遗稿一一校正誊录，又作了些增补，全文用细宣工楷誊写，全部竣工。这天下午，李清照亲手在素绢封面上恭楷写下：

《金石录》（三十卷）宋秘阁修撰，知湖州事，东武赵明诚撰。

写完后叫丫环把酒和菜上好，文房四宝预备好，摆到院子里菊花畦边。李清照披了件外衣，把素笺用镇纸压着，端起酒杯，前尘往事，蓦地升上心头，她把三杯酒倾在地上，说道："明诚，我们夫妻惨淡经营几十年的金石书画，一毁于战火，再毁于盗寇，如今已所剩无几了。今后，我活一日，便与这些书画厮守一日，你就放心吧！也许，那些被毁的书画，是你在冥冥中有知，斤斤爱惜，不肯让它留在人间吧！如果是那样，我也就心安了……"然后回屋写起《金石录后序》来，在《金石录后序》中她最后写道：

"呜呼！余自少陆机作赋之二年，至过蘧瑗知非之两岁，三十四年之间，忧患得失，何其多也！然有有必有无，有聚必有散，乃理之常。人亡了，人得之，又胡足道！"

写完这篇后记，已是黄昏时分，她独自倚着窗儿，恰见一群归雁，掠过长空：一只孤雁，远远尾随在后。不多时，淅淅沥沥，又下起小雨来，无限孤寂、悲凄、痛楚，抑郁之情从心头涌出，她急步走向案前，奋笔疾书：

寻寻觅觅，冷冷清清，凄凄惨惨戚戚。乍暖还寒时节，最难将息。三杯两盏淡酒，怎敌他，晚来风急。雁过也，正伤心，却是旧时相识。

满地黄花堆积，憔悴损，如今有谁堪摘？守着窗儿，独自怎生得黑。梧桐更兼细雨，到黄昏，点点滴滴。这次第，怎一个愁字了得！

李清照死于哪年已不可考，她的传世之作是《漱玉词》，基本属婉约派。由于她一生经历比晏几道、秦观等更艰苦曲折，加上她在艺术上的力求专精和在文艺上的多方面才能，词的成就超过了他们，她后期的词还兼有豪放之长。她的《思项羽》诗和"南渡衣冠思王导，北来消息少刘馄"的诗句反映出她忧国忧民的情怀。

小凤仙高山流水觅知音

那天北京八大胡同传出一条新闻，陕西巷云吉班的小凤仙把袁世凯大总统都极力拉拢的云南督军蔡锷，即蔡松坡得罪了。

蔡松坡原名蔡艮寅，也用过"奋湖生"、"击椎人"等别号，湖南邵阳人，七岁起蒙，八岁订婚，妻子刘侠贞是武冈人。幼时蔡松坡聪明便已显露，读书兴趣广泛，十五岁应童子试名列第一。

光绪二十三年，蔡松坡入长沙时务学堂，后来留学日本，学成归国后成为各主争相罗致的青年才俊。这年是光绪三十年，他二十三岁，最先受知于湖南巡抚赵尔巽，而后又得到继任巡抚端方的重用。李经羲任广西巡抚后，把他召到广西，对他十分倚重，成为广西麻军的头号人物。

宣统元年，李经羲升任云贵总督，蔡松坡跟着担任云南陆军协统。辛亥革命、武昌起义爆发，蔡松坡和滇军将校起而响应，一举光复昆明而被推举为云南都督。袁世凯一代枭雄，自然颇有知人之明，打量蔡松坡智勇深沉、英华内敛，不但是革命党中最优秀的人物，也是卓越无比的军事人力，所以百计将蔡松坡诱进京师，软禁跟班。后来又接受首席谋士，"愿为帝王师"的旷世逸才杨度的建议，封蔡松坡为"始威将军"，担任一些有名无实的职务，加以笼络。蔡松坡终日无所事事，内心烦闷，便到八大胡同走走，想不到第一次就碰到小凤仙。

小凤仙，又叫筱凤仙，原籍浙江钱塘，光绪年间全家流寓湖南湘潭，父亲经商颇有所成，后因被不肖友人拖累而倾家荡产。小凤仙被卖为奴婢，不久被卖到妓院，辗转到了北京。小凤仙谈不上是美人胚子，姿色中等，娇小玲珑，吊眼梢，翘嘴角。肌肤不算白皙，性情尤其孤傲，懒得求媚取宠，对脑满肠肥的富商巨贾，趋避惟恐不及。但粗通文墨、喜缀歌词，特别是生有一双慧眼，能辨别狎客才华，因而那天一眼便认定蔡松坡是一位非常人物。

那天蔡松坡是因为心内烦闷，随便出来走走，并不是成心嫖妓，也就无所谓一定要挑红妓、名妓了。他那天又打扮成普通商人的样子，又不像是特别有钱的大少，妓院老鸨就把他引到长相一般，性格古怪的二流妓女小凤仙这里。

小凤仙一见来客就断定他不似一般寻常的狎客。略作寒暄后，问及职业，蔡松坡诡称经商。小凤仙嫣然一笑道："我自坠风尘，生张熟魏阅人多矣，从来没有见到过风采就像你这样令人钦仰的，休得相欺。"

蔡松坡讶然道："京城繁盛之地，游客众多：王公大臣，不知多少；公子王孙，不知多少；名士才子，不知多少。我贵不及人、美不及人、才不及人，你怎么就说我风味是独一无二的呢？"

小凤仙不以为然地说："现在举国萎靡，无可救药，天下滔滔，国将不国，贵在哪里？美在哪里？才在哪里？我所以独独看重你，是因为你有英雄气概。"

蔡松坡故作不解地问："何以见得？"

小凤仙叹息道："我仔细看你的样子，外似欢娱，内怀郁结。我虽女流之辈，倘蒙你不弃，或可为你解忧，休把我看成青楼贱物！"

蔡松坡对小凤仙的言语态度十分欣赏，连带也觉得她的姿貌与举止也非常动人。

然而毕竟是初次见面，不敢交浅言深，不敢推心置腹地表明心迹，只好支吾以对。等到窗下品茗，华屋啜酒的时候，便在小凤仙的房中慢慢走动，浏览房中的布置。但见绮阁清华、湘帘幽静、妆台古雅、卷轴盈案，心想：这个女子人虽不算顶美，却有一种高雅的气质，兼具越女的婉约、湘女的热情。不觉嘴角露出一丝笑意，小凤仙一直盯着他的神情变化，不由得问道："什么事情使你暗中高兴？"蔡松坡说不出所以然来，就信手去翻看小凤仙案着上的条屏，说："你这里有这样多的对联，你最喜欢哪一副？"小凤趁机说道："都是泛泛之辞，不甚切合情景心态，似无什么称心如意的。你是非常人物，不知肯不肯赏我一联？"不等蔡松坡点头，便取出宣纸，磨墨濡笔递到蔡松坡手上。蔡松坡难以推辞，便挥染云烟，顷刻间写成一联：

自是佳人多颖悟，从来侠女出风尘。

在上款著上"凤仙女史灿正"。这一副对联浑没有一般鸳鸯蝴蝶派的浓重脂粉气息，那一股英雄气概写到了小凤的心坎上。就在蔡松坡准备收笔的时候，小凤仙急忙阻止，说道："上款既蒙署及贱名，下款务请署及尊号。你我虽然贵贱悬殊，但彼此混迹京城，你又不是什么朝廷钦犯，何必隐姓埋名。大丈夫行事自当光明磊落，若疑我有歹心，天日在上，应加诛殛。"蔡松坡推辞不得，乃署名"松坡"。小凤仙一见，问道："你莫非就是大家议论纷纷的蔡都督吗？怎么改换衣服到这里来呢？"小凤仙问他来京的缘由，蔡松坡假意说是为了攀龙附凤，图些功名富贵而已。不料小凤仙却正色道："你去做那华歆、荀彧，好好侍候曹操吧！我的陋室龌龊，容不下你这富贵中人！"蔡松坡笑哈哈地说："既然佳人下了逐客令，久留无益。且自去吧！有缘再会，就此告辞！"小凤仙在吉云班算不上红姑娘，"叫条子"轮不到她，客人来到院中挑上她的也不多，即使挑上她，十有八回都是不欢而散地把客人气走了。这次也是如此，蔡松坡匆匆离去，她理应依依不舍地送到门口，小凤仙却连房门都没有走出来，老鸨和龟奴相视苦笑，摇了摇头，都说："这回准是又把客人给得罪啦！"

袁世凯加紧复辟帝制，加紧笼络蔡松坡。经由杨度极力推荐，袁世凯叫他的大公子袁克定拜蔡松坡为师，排定日期讲解军事科学及为将之道，并面许将来陆军总长一职非蔡松坡莫属。民国四年初秋，筹备袁世凯登基的"筹安会"堂而皇之地在北京成立了，杨度主持其事，利用彼此都是湖南同乡的身份，天天到棉花胡同力促蔡松坡列名发起人之一。

蔡松坡是辛亥云南首义的元勋，反对帝制、赞成民主，怎肯前后矛盾，自隳令誉，但又不能公开拒绝，只好拖一天算一天。

为袁世凯称帝作舆论准备，杨度撰写一篇《君宪救国论》，在袁世凯的机关报《亚细亚报》上发表。紧接着又邀请美国古德诺博士写了一篇《民主不适合于中国论》。于是支持袁世凯称帝的活动，便如雨后春笋般地次第展开。梁启超反对帝制，袁世凯的手下打听到他有一篇《异域所谓国体问题者》准备在天津发表，袁世凯先派人去威胁梁启超。梁启超告诉来者，我从戊戌年起就流亡国外，清政府长期要买我的人头，我老人家已习惯了流亡生活。威胁不成，于是袁世凯利用蔡松坡与梁启超的师生关系，带二十万块现大洋向梁启超疏通，希望梁启超不要发表文章。梁启超表面不念师生之情，让蔡松坡铩羽而归，暗地里对蔡松坡授以锦囊妙计，不妨表现得"忠心耿耿，积极劝进"，以图"摆脱羁系，再造民国"。梁启超谆谆告诫蔡松坡："君子俟时而动，小不忍则乱大谋，不妨假装赞成帝制，同流合污，先打进他们的圈子，再设法送走家眷，而后才相机脱身。"在老师的指点下，蔡松坡便在云南会馆的将校联谊会上发起请愿，请袁世凯改行帝制，速正大位；并在众目睽睽下，签下自己的名字。至此三十四岁的蔡松坡一改常态，天天跟杨度他们混在一起吃喝玩乐。

人人都说蔡松坡前后判若两人，杨度笑哈哈地说："太子太师之尊、兵部尚书之责、陆军统帅之权，哪怕蔡松坡不俯首称臣，力图报效这皇恩浩荡呢？"

杨度是筹安会的主持人，帝制的催生者，未来袁氏朝廷的宰相，是气焰薰天的人物。同时又是个风流倜傥、落拓不羁、寄情声色、醉心犬马的大名士。天天晚上呼朋引类往八大胡同去征歌逐色。

蔡松坡决定要打进他们的圈子，就不能免俗，那些人各自有相好的姑娘，蔡松坡自从那次遇到小凤仙后，顿感此女虽沦落风尘，然而出语不俗，或可作为红粉知己，借以应付京中的一班"同僚"。免得每次跟着别人在妓院中自吃自喝，自己不好意思，同时也可使自己有更多的空间活动，于是抱着一种迷离的心情，再往小凤仙所在的云吉班走去。

蔡松坡进了小凤仙的房间。小凤仙调侃道："你何不去做华歆，苟彧，哪有闲功夫到云吉班来？"蔡松坡说："华歆也好，苟彧也好，自有他人做，暂时还轮不到我。"小凤仙笑道："恐怕不是轮不到你，而是你不屑于去做吧，你也不必再瞒我了！"蔡松坡话题一转："我最近通电拥护袁世凯当皇帝，你又要讥笑了吧！"这一回小凤仙正经八百地迎了上去，说道："英雄处事，令人难测高深，今天做华歆，苟彧，安知明天不做陈琳！"蔡松坡怔了一会儿，叹口气说道："难得遇到你，有这样的慧眼、慧心。可惜天妒红颜，竟然使你沦落风尘，做些卖笑生涯，令人可惜。话音刚落，小凤仙已是垂眉低首，珠泪莹莹。蔡松坡又说了些安慰她的话，越来越触动了小凤仙的心事，索性以几做枕，呜呜咽咽地放声大哭起来。经过泪水的洗礼，小凤仙掏心挖肝地将自己的身世，向蔡松坡尽情地倾诉了一番，并要求蔡松坡以诚相待。

蔡松坡却说："来日方长，何必急在一时？"小凤仙以为蔡松坡有意敷衍，不禁脸上变了颜色，问道："你还在怀疑我吗？"说罢，忍痛一咬，把舌头咬破，把血喷了一地，说道："我如果将来泄露你的秘密，有如此血！"蔡松坡连忙掏出手帕为她擦拭干净，把她抱在怀中说道："你这是何苦呢？我已经知道了你的真诚，只是怕隔墙有耳。你别急，以后慢慢告诉你。"那天，蔡松坡在云吉班大张旗鼓地请起客来，薄暮时分云吉班张灯结彩，里里外外打点得妥妥帖帖，只说客人是北京城里有头有脸的人物，万万想不到接着顾鳌之后，是杨度、孙毓筠、胡瑛、阮忠恕、夏寿田等人，连财神爷梁士饴都来了。如此一来，北京城里顶尖儿的人物，今晚差不多全集中到了云吉班，把鸨母和龟奴吓得目瞪口呆。云吉班一般说来不算是第一流的班子，也没有众星拱月的红姑娘，哪里敢指望有这样的局面呢？这还不说，等到客人们写了"局票"，不一会儿功夫，花枝招展，争奇斗艳的美人儿纷纷报名入座，都是八大胡同的红姑娘，就连首屈一指的花无春也翩然而至。鸨母在外间笑得合不拢嘴，连声吩咐："小心侍候客人。"不断夸赞："这会儿咱们凤仙姑娘可算是露脸了！"夜深客散，小凤仙捱近蔡松坡悄声说："夜深风寒，不如在此歇下吧，我的房里还没有留过男人过夜呢？"鸨母也笑眯眯地掀帘进来说道："我有眼无珠，不识这位蔡大人，实在罪过。我已斗胆将蔡大人的车夫打发回去了，定要蔡大人在此委屈一宵哪！"红烛高烧，罗帐低垂，鸨母亲自捧进数色点心，说了许多祝福的吉祥话语，龟奴们也来讨了赏钱，小凤仙掩好了门户，满脸红晕地扑在蔡松坡的怀里。对蔡松坡而言，当一位言语不俗、心性相投而又以纯情与真诚相待的女子，赤裸裸羞怯怯地与他肉袒相见时，岂能无动于衷？落红点点，沾染被褥，小凤仙虽然沦落风尘，还保持着清白处子之身，蔡松坡越发怜爱，小凤仙更加情深。

杨度眼看这位当年在云南叱咤风云的英雄人物，如今与八大胡同的一个二流妓女打得火热。天天醇酒妇人，壮志已经消磨殆尽，时常昼夜不分，不只是耽搁了公务，连棉花胡同家里的老太太也疏于晨昏定省，而结发妻子更是久受冷落。杨度把这种情形报告袁世凯，袁世凯叹道："蔡松坡果真乐此不疲，我也可以高枕无忧，但恐怕醉翁之意不在酒，只不过是借此过渡，瞒人耳目而已！"蔡松坡与小凤仙如胶似漆，托梁士饴购行前清某侍郎废宅一所，大兴土木，到处扬言为小凤仙建造华屋。又给小凤仙题辞，说她：

此际有凤毛麟角，其人如仙露明珠。

蔡松坡的这些活动却惹恼了原配夫人刘侠贞，对丈夫又是指责，又是劝诫："酒色二字，最是戕身，何况你身体欠佳，更不应征花逐色。大丈夫应建功立业，留名后世，怎能寄情勾栏，坐销壮志呢！"蔡松坡恼羞成怒，先是把不少家具打得稀烂，接着对刘侠贞拳脚交加，棉花胡同里蔡宅闹得鸡飞狗走。袁世凯听到了消息，派王揖唐和朱启铃两人前去调停、慰问，也不得要领。袁世凯听回来的人说蔡宅乱七八糟，不屑地说："我道蔡松坡是个干练之才，可参与国家大事，谁知道治家都还不妥帖！"大大松懈了对蔡松坡的戒心。

蔡松坡继续在小凤仙的香闺中留连忘返，刘侠贞天天在棉花胡同大哭大闹。蔡松坡扬言要把小凤仙接回家来，刘侠贞就说："既然如此，我回湖南老家好啦！让你们称心如意吧！"刘侠贞不惜与丈夫决裂，蔡松坡嚷嚷着要休掉这个泼妇。蔡老太太一开始就站在儿媳一边，经常一把鼻涕、一把眼泪地数落儿子的不是，并说严冬将届，北方天气太冷，老年人实在吃不消，倘若媳妇要回老家，她老人家也要一齐南归。就这样，蔡老太太和刘侠贞离京南下。过了许久，等蔡松坡也离开虎口，一般人才恍然大悟，这是他们母子、夫妻，还有小凤仙使出的一条苦肉计。

帝制的准备工作正在加紧全面进行。宣统皇帝退位后，仍然住在皇宫大内中受到民国的优待，照样称孤道寡，使用宣统的年号。袁世凯定要在一九一六年元旦登基，定国号洪宪。如此，四海之内岂不出现两个皇帝。"天无二日，民无二主。"袁世凯越想越不对劲儿，便派五路财神梁士诒，步兵统领江朝宗为专使，一文一武，互相搭档，前往紫禁城，要求溥仪取消帝号。当时隆裕太后已薨，溥仪也就十一岁，清宫内由瑾太妃和瑜太妃主持，宫外则由世续和载沣当家。江朝宗来势汹汹，一言不发就要开打，梁士诒好说歹说，一面劝解；一面威胁，只吓得两位太妃和载沣、世续等人直打哆嗦，乖乖地答应取消帝号，毫无条件地做了袁世凯的臣子。

袁世凯在想着宣统溥仪的时候，也没有忘记蔡松坡。一天晚上，棉花胡同的蔡宅被军警翻箱倒柜搜了个底朝天。事后说是一场误会，又说是"有人冒充军警，企图抢劫"，还装模作样地枪毙了一个叫吴宝鋆的人。不管怎样，蔡松坡意识到北洋政府还是容不下他，他到天津去了一趟，袁世凯的密探对他层层监视，他苦思脱身之计，最后他还是想到他的红颜知己小凤仙。

蔡松坡对小凤仙说："决计不顾生死，非要逃脱羁系不可。"小凤仙决定与蔡松坡生死同行。蔡松坡说："同行多有不便，将来成功之日，必不相忘！"小凤仙当夜为蔡松坡饯行，为他歌唱、为他流泪，仔细叮咛。那晚小凤仙唱的歌，流传下来的主要有三首：

其一　调寄《柳摇金》

骊歌一曲开琼宴，且将子饯，你倡义心坚，不辞冒险，浊酒一杯劝，料着你食难下咽。你莫认作离筵，是我两人大纪念。

其二　调寄《帝子花》

燕婉情你体留恋，我这里百年预约来生券，切莫一缕情丝两地牵。如果所谋未遂或他日啊！化作地下并头莲，再了前生愿。

其三　调寄《学士中》

你须计出万全，力把渠魁殄灭！若推不倒老袁啊？休说你自愧生旋，就是侬也羞见先生面，要相见，到黄泉。

蔡松坡目不转睛地看着小凤仙，止不住那英雄眼泪，说道："但愿他日能够偕老林泉，以偿夙愿！"从此，天天与小凤仙乘坐敞篷马车，畅游京畿一带名胜古迹，招摇过市，故意令人有目共睹。

民国四年十二月一日，袁世凯即帝位的日子还有十一天，北京城内大雪纷飞，蔡松坡又与小凤仙做踏香寻梅之游。马车经过前面车站，蔡松坡竖起了衣领，压低了毡帽，混进了人丛之中，登上了开往天津的三等列车。第二天便换上和服，扮成日本人，搭乘日本游轮"山东丸"直驶日本。

蔡松坡到了日本，立即拍发电报回国，向袁世凯请假医病。袁世凯无可奈何，虽然恨得咬牙切齿，只得回电："悉心调理，愈后早日归国，用副倚任。"蔡松坡在去日本的轮船上就曾致书友人，说自己"以菩萨心肠，行霹雳手段，吾人今日处兹乱世，认定一事与道德良心均无悖逆，则应放胆做去，无所顾忌，所谓仁慈，又要痛快也。"在日本接到袁世凯的回电后，又写了封亲笔信给袁世凯，说道：

趋侍均座，阅年有余，荷蒙优待，铭感五内。兹者帝制发生，某本拟捐埃图报，何期家庭变起，郁结忧虑，致有喉痛失眠之症，欲请假赴日就医，恐公不我许，故而微行至津东渡。且某此行，非仅为己病计，实亦为公之帝制前途，谋万全之策。盖全国士夫，翕然知共和政体，不适用于今兹时代，固矣！惟海外侨民，不谙祖国国情，难保无反对之心，某今赴日，当为公设法而开导之，以钳制悠悠之口。倘有所见闻，将申函均座，敷陈一切，伏气钧鉴。

袁世凯接到他的信，气得火冒三丈，喃喃自语："这个小蛮子潜赴东京，瞒得我好苦，还要写信来调侃我！"急电驻日公使陆宗舆就近侦察蔡松坡的行踪，相机刺杀，免贻后患。然而陆宗舆接到命令的时候，蔡松坡已到了香港。不久绕道越南，由蒙自进入云南，组织了"护国军"起义讨袁。

护国运动兴起。北洋军系的旧人，北洋第一代武将看不惯东宫太子袁克定的目空一切，认为这位大爷将来不好侍候，遂决计反对帝制，不动声色地猛抽袁世凯的后脚。袁世凯经不起内外夹击，袁世凯从登基算起，只过了七十三天就在绝望中死去，洪宪新贵们树倒猢狲散，大名鼎鼎的杨度晚年沦为大流氓杜月笙的门客。

袁世凯死后，黎元洪代理总统，任命蔡松坡为四川都督，由于带病操劳，喉疾更加严重。这时小凤仙天天都能获得蔡松坡的消息，自是闭门谢客，静等蔡松坡派人来接，她接蔡松坡写来的信，大意是说：自军兴以来，顿罹喉痛及失眠之症，现在都督四川政务、军务，实在是难却中央的盛情，所以勉为其难，等到大小事情布置就绪，就出洋就医，到时就偕你同行，你暂时等一下儿。"小凤仙天天在耐心地等待，可蔡松坡已病情沉重，来不及也无法偕同小凤仙了，急忙沿江东下，经上海到日本就医，终因病入膏肓而在福冈医院逝世，享年三十七岁。小凤仙等的是蔡松坡的死讯，不免悲痛欲绝。

蔡松坡的灵柩运回上海，各国在上海为他举行盛大的追悼会，小凤仙托人寄来了两副挽联：

其一：

不幸周郎竟短命，早知李靖是英雄。

其二：

万里南天鹏翼，直上扶摇，那堪忧患余生，萍水姻缘
成一梦；

几年北地胭脂，自悲沦落，赢得英雄知己，桃花颜色
亦千秋。

小凤仙因受蔡松坡的垂青而艳名大噪，一些人竭力趋走云吉班，
渴望获得小凤仙的一夜缱绻，从而赢得与蔡松坡"同靴兄弟"的美
名。但小凤仙总置之淡然，她决定对蔡松坡从一而终，维护蔡松坡
的名声。可蔡松坡的部属和学生，对小凤仙极力排斥，怕她有损蔡
松坡的清誉，小凤仙寂寞地守着对蔡松坡的一份刻骨铭心的思念。
有人曾经作诗，叙述蔡松坡与小凤仙的一段情，表现小凤仙那一片
深情，一份失意，一缕剪不断的思念，一股至死不渝的精神：

英雄儿女意缠绵，红拂前身小凤仙；
瑶树琼花零落尽，白头宫女话当年。

事情虽然距离今天不久，但却也谣传烽起，或者说小凤仙那两
副挽联是别人伪造的；或者说小凤仙还一身槁素参加了蔡松坡的追
悼会，成为全场注意的中心。

鉴湖女侠秋瑾

小住京华，早又是中秋佳节，为篱下黄花开遍，秋容如拭。四

面歌残终破楚，八年风味徒思浙！若将侬，强派作蛾眉，殊未屑！身不得男儿列，心却比男儿烈！平生肝胆因人常热，俗子胸襟谁识我？英雄末路当磨折，莽红尘何处觅知音？青衫湿！

这首《满江红》作者是秋瑾，她在词中说自己"身不得男儿列，心却比男儿烈。"这年秋瑾三十岁，有感于民族危机，抛家别子，女扮男装，东渡日本，去追求另样的人生，去寻求民族振兴的道路。

早年的秋瑾也是位纯情的少女，她原籍浙江绍兴，生在她父亲做官的地方福建，当年留下的诗词体现出她的性格是那样温婉、贤淑，那样秀雅、柔情。生活是那样无忧无虑，那样光明灿烂。

如她描写春天的：

> 寒梅报道春风至，莺啼翠帘，
> 蝶穿锦幔，杨柳依依绿似烟。

她描写夏天的词句：

> 夏昼初长，纨扇轻携纳晚凉，
> 浴罢兰泉，斜插素馨映罩钿。

她描写秋天的词句：

> 夜深小凭栏杆语，阶前促织声凄凄。

她描写冬天的词句：

炉火艳，酒杯干，金貂笑倚栏；
疏蕊放，暗香来，窗前早梅开。

那时，她或者是携着女伴走过那芳草茸茸的曲径小道，来到那小桥东，望着那湾湾的一道流水，指点着水中飘去的点点落红；或者是和女伴背靠着背，坐在绿荫深处，芳草萋萋的河堤上，听黄鹂的啭辗啼鸣，笑指层层楼阁，比着谁家的最好，看那楼前的海棠又绿肥红瘦了几许。

那时，为了明日的踏青，隔夜就把一切东西细细地准备好，不能忘了那美丽的风头鞋子，不能忘了那美丽的绣罗裙。

秋瑾及笄之年，她的父亲调升湖南湘潭知县，她随父亲由福建到了湖南。不久由媒人说合，父亲把她许配给湘潭的富绅王家。光绪十八年，即一八九三年，十八岁的秋瑾正式嫁到王家，成了王延钧的妻子，新婚燕尔，鱼水和谐，三年中生下一子一女，儿子叫做德阮，女儿名叫灿芝。王家颇富资财，王延钧更醉心利禄，他到北京纳资谋到了一个部郎的京官。秋瑾随着大夫一齐来到了北京城里，这是她第一次远离父母，她怀念家乡，怀念家乡的父母亲人：

年年常是感杂居，两地相思托鲤鱼；
今日新愁因共晓，昔时旧恙共如何？
小窗蛩语伤时暮，别院鸡声破梦时；
惆怅寸怀言不尽，几回涕泪湿衣裙。

　　秋瑾随丈夫到北京是光绪二十一年春，即一八九五年春，中日甲午战争刚刚结束，两国之间的议和正在进行，这次议和与过去有点儿不同，条约要到日本的马关（今下关）去签，满朝文武没有一个人敢去的，便要一个德国人代表清政府去，日本政府认为清政府是在开国际玩笑，一定要由清朝官员充任和谈使者，于是就有两位侍郎到了日本，结果又被日本认为级别不够赶了回来，最后须发皆白的老中堂，长年代表清政府与外国人签约的李鸿章到了日本，成为和议的全权大使。

　　同治年间，中日两国为了琉球事件曾进行过外交交涉，那时在中国人的眼中，扶桑三岛只不过蕞尔小国，中国的海军舰队，游弋长崎示威，中国水兵登上日本国土趾高气扬，勒令日本警察不得佩刀，日本政府不得不乖乖听命。就是十年前为了朝鲜问题，日本首相伊藤博文到天津与李鸿章交涉，李鸿章都傲然临之。十年后，李鸿章到日本马关，面对的日方代表仍然是伊藤博文，但地位却恰好调了个儿。伊藤博文私下说："十年前在天津，见李中堂之尊严，至今恩之，犹有余悸。"因此便抓住机会要讨回面子，两人在马关春帆楼见面时，伊藤博文的第一句话就是："与中堂别来十年，中国竟毫无改变，想不到今天你我成了这个样子。"日本鬼子的话历来就在表面的文质彬彬下，包藏祸心，李鸿章自然听出了弦外之音，于是一肚子的晦气乘轿回下榻的旅馆，回旅馆的路上又被日本浪人、狂热的军国主义分子小山丰太郎拦路刺伤。李鸿章住进医院，伊藤博文带来拟好的条约叫李鸿章签字，李鸿章不敢下笔，希望还能讨论一下。伊藤博文告诉他，没有讨论的余地，你李鸿章只能在"允"与"不允"两种情况中选择，如果不允，中日两国就重新开战。惊魂未定的李鸿章签订了丧权辱国的《马关条约》。

条约签订时，清政府正进行科举考试，一千多个举人云集北京，在康有为的领导下，集体上书反对签订《马关条约》，嗣后他们办起《中外纪闻》、《万国公报》介绍条约签订中，清政府官员的腐朽无能，分析条约对中国的危害。养在深闺的秋瑾读了这些报纸，潜藏在内心深处的那一份侠烈性情，不断地在胸中涌动。

维新变法运动以北京因中心在全国迅猛展开，《时务报》、《国闻报》、《湘学报》只要能找到，秋瑾都如痴如醉地拜读"物竞天择，适者生存"的生物进化论，她闻所未闻，"君主立宪"的政治观点使她茅塞顿开，她觉得国家有希望了，她为之欢欣鼓舞。可不久就听说慈德囚禁了光绪，康有为、梁启超流亡海外，谭嗣同等六人被杀在菜市口。临刑前，谭嗣同说："不有生者，无以图将来；不有死者，无以酬圣主"，"各国的变法成功，都有献出生命的；中国变法的失败，就缺少敢于牺牲的人，要有，就从我谭嗣同开始。"有人把谭嗣同就义时从容不迫的样子描述给秋瑾听，把谭嗣同就义时说的话讲给秋瑾听，客人走后，秋瑾找来谭嗣同写的变法文章，边读边抹眼泪。潜藏在她内心深处的那一份侠烈性情在她的胸中澎湃起来。

变法失败的第二年，义和团运动风起云涌，不久八国联军攻进北京，烧杀掳掠，千年古都到处都留下侵略者的兽行。清政府完全屈服在外国人的淫威之下，《辛丑条约》使中国完全陷入半殖民地半封建社会的深渊。秋瑾亲身经历了这一剧变，她愤慨莫名，潜藏在内心深处的那一份侠烈性情，喷涌而出，她决心献身革命，以挽救国家民族的危亡。

秋瑾的内心世界已产生了剧烈的变化，她的丈夫王延钧仍然热中名利，趋于权贵之门，酬应于歌楼酒榭，两人的思想已背道而驰，终于在亲友的干预下，两人分居了。这时秋瑾与好友、另一位奇女子吴芝瑛，因彼此性情相投，结为异姓姐妹。秋瑾在北京奔波革命失败后，决定东渡扶桑，到那里去寻找革命的同志。出发前她改穿男装，特地留影，将一张男装的照片赠给来送她远行的吴芝瑛。照片背面，秋瑾写道：

> 俨然在望此何人？侠骨前生悔寄身；
> 过世形骸原是幻，未来景界却疑真。
> 相逢恨晚情应集，仰屋嗟时气亦振；
> 他日见余旧时友，为言今已扫浮尘。

"漫云女子不英雄，万里乘风独向东。"秋瑾对送她的吴芝瑛挥一挥手，登上日本的信雄丸轮船，驶出了大沽口，回望祖国河山，仅余一线青山而已。不久，来到了当年中日甲午战争黄海海战的地方，秋瑾的眼前仿佛出现了硝烟弹雨、血肉横飞的场面，邓世昌的旗舰"至远"号在舰身中炮后还奋力前进，要撞沉日军的旗舰"吉野"号，途中又中了鱼雷，全舰都在下沉，邓世昌和他的爱古犬都落在水中。狗儿奋力游近邓世昌，把昏迷不醒的邓世昌的辫子咬住，把邓世昌的头浮在水面，狗儿渐渐地疲倦了，随着邓世昌一直葬身海底。

这一战是中国近代最大的一次海战，丁汝昌、刘步赡、林永升等清军将领一个个英勇奋战。秋瑾这"天涯涕泪一身零"的游子，面对着"千年劫烬灰全死，十载淘余水尚腥"的战场，思绪久久不能收回。

> 闻道当年鏖战地，至今又带血痕流；
> 驰驱戎马中原梦，破碎河山故国羞。
> 领海无权任人辱，磨刀有日快恩仇；
> 天风吹雨冷无过，十万云烟眼底收。

这是一位炎黄子孙深沉的悲哀和殷切的期望。

秋瑾到达日本东京，正是樱花怒放的季节，日本有许多革命的同志，秋瑾的心情就像那盛开的樱花。她先入骏河台留学生会馆所办的日语讲习所，埋头苦学了三个月日语，然后进入青山实践女校，与刘道一等人组织"十人会"，以"反抗清廷，恢复中国"为宗旨。不久更参加冯自由等人组织的"洪门天地会"，封为"白纸扇"，也就是成了"洪门天地会"出谋献策的军师。她的表兄徐锡麟也带着妻子王振汉到了东京，她感到特别高兴，徐锡麟回国后，王振汉留在东京，她悉心照顾王振汉的生活，并带着王振汉一起和她开展女权运动。她首先创立了"天足会"，以为小脚女人形同残废，行动为艰，为了和男子并驾齐驱，女子必须放脚。其次，她又主张振兴女学，认为女子一定要有学问，要能自立，不应事事仰仗男人，提出："女学不兴，种族不强；女权不振，国势必弱"的口号。陈梦坡因《苏报》案亡命日本，带来湘芬、信芳两个小妾，秋瑾鼓动她们两人脱离陈梦坡，并对她们两人的生活给予妥善安排。秋瑾为人慷慷，举止洒脱，了无脂粉气息，与一般男士相处，十分融洽，黄兴、陈天华、陈其美、陶成章、张静江等都成为她的好友。不久，孙中山由欧洲到日本，在东京成立"中国同盟会"，经冯自由介绍，秋瑾成为浙江省加入同盟会的第一人。这时她起名"竞雄"，生活中充满激情。

> 祖国沉沦感不禁，闲来海外觅知音；
>
> 金瓯已缺总须补，为国牺牲敢惜身。
>
> 不嗟险阻叹飘零，关山万里作雄行；
>
> 休言女子非英物，夜夜龙泉壁上鸣。

然而不久，中国留日学生的革命活动遭到沉重的打击，在国内《苏报》案，年仅十七岁就写成轰动一时的《革命军》的邹容惨死狱中后，清廷驻日公使杨枢唆使日本文部省，颁布取缔中国留学生规则，使得中国留日学生的言行受到极大的限制，随时有遭逮捕的可能。《猛回头》、《警世钟》的作者陈天华蹈海自杀，表示抗议，日本政府置若罔闻。秋瑾和易本义、禹之漠等一批留学生扶着陈天华的灵柩回国。在长沙岳麓山公葬的那天，长沙中学以上的学生一律为陈天华戴孝，岳麓山白茫茫的一片，秋瑾热泪盈眶。

秋瑾回到上海，由徐锡麟介绍，她加入了蔡元培、章太炎等人组织的"光复会"，她一面创办《中国女报》宣传女权，一面在虹口租界赁屋与人制造炸弹。由于炸弹不慎爆炸，租界将她视为"危险分子"，她在"马足车尘知己少，繁弦急管隆谊稀。几行滴泪伤时局……江河日下世情非"的情况下，回到祖籍绍兴，主持大通学堂的校务。

大通学堂原为徐锡麟的友人创办，表面上是开展新式教育，实际上是光复会的训练基地。秋瑾主持它的校务，也就成为浙江方面革命活动的全权负责人。开学的那天，绍兴知府贵福，山阴知县李钟岳，会稽知县李瑞年，以及许多地方士绅都来向秋瑾祝贺观礼。

一九〇六年，即光绪三十二年，秋瑾留日时"十人会"的领导刘道一在湘赣边境的萍、浏、醴起义失败。担任安徽警察学生堂会办的徐锡麟赶到大通学堂与秋瑾约定，一旦时机成熟，便一个在安徽起事，一个在浙江响应。一九〇七年，光绪三十三年五月二十六日，徐锡麟趁安徽的各级官员集中警察学堂参加毕业典礼之际，开枪打死安徽巡抚。

秋瑾听到消息来不及组织，仓促响应，起义失败，秋瑾被捕。秋瑾熬过了有名的酷吏李钟岳的严刑拷打，当贵福重新审问她，让她招认同党时，她指着贵福说道："我的同党就是你！"吓得贵福面无人色。当审问者问她有什么遗言时，已经被打得肢体成残的秋瑾，爬在地上振笔疾书：

秋风秋雨愁煞人！

这年六月六日黎明，她被杀在古轩亭口，还不满三十三岁。在打扫她的牢房时，狱吏看到了她留在墙上的绝命词：

莽莽神州慨陆沉，救时无计愧偷生；
搏沙有愿兴亡楚，博浪无椎击暴秦。
国破方知人种贱，义高不碍客囊贫；

经营恨未酬同志，把剑悲歌涕泪横。

秋瑾死后，她的生前好友，徐寄生、吴芝瑛冒着杀头的危险，把她的忠骨收葬在杭州西湖的西泠桥畔，那里，不远处有清初在扬州抗清、不屈被杀的民族英雄史可法。不久，她的儿子王沉德将她的遗骨取出，归葬王氏祖籍湖南湘潭。辛亥革命胜利，一九一二年，革命党人复将她的遗骨移回西湖孤山，隆重再葬。十几年后，秋瑾的同乡鲁迅在《药》一文中，对她寄予深切的同情和尊敬。

悲哉！秋之为气；

壮矣！瑾其可怀。

豪女张竹君的新潮趣事

"张竹君坐大轿——倒看洋书"，是当时广州市流行的一句歇后语，从中可以想见张竹君的为人。

张竹君是广东番禺人，该地是与洋人最早接触的地区，风气远较内陆开通，她的父亲是三品京官。在义和团"扶清灭洋"口号震天响，全国各地到处盲目排洋的风气中，张竹君却进了洋鬼子办的"夏葛女医学堂"。这是一所综合性的医学校，四年毕业，再经过附属柔济医院实习期满，便自立门户，悬壶济世。张竹君身材高挑，鹅蛋脸，高鼻梁，大眼睛，喜欢穿洋装，穿高跟鞋。她把诊所开在广州市，每次出门，都坐四个人抬的敞篷椅轿。引得路人驻足侧目而视，张竹君被看得不好意思，以后出门便顺手带上精装洋书一本，假装在轿上看书。益发显得神情严肃，凛然不可侵犯，事实上轿子上看书，忽上忽下地跳动不已，哪里看得下去，于是"张竹君坐大轿——倒看洋书"在朋友中成为笑谈，并愈传愈广。

张竹君有一位闺中密友徐佩萱，是富贵人家的女儿，又嫁给了名门贵公子李晋一，夫妻情感深厚，过着人间天上的幸福生活，可惜好景不长，李晋一患急症身死，徐佩萱终日悒郁不乐。张竹君看着这位亲如姐妹的至交整天沉溺在沮丧的深渊之中，常常给她劝慰，拉她与自己合伙在荔枝湾开办提福医院，专为贫民治病，在平民百姓的交口赞誉声中，把徐佩宣那受到创伤的一颗心慢慢抚平。经过努力，两年后，又与徐佩萱在柳度桥开了个南福医院，还在两所医院中各设福音堂一所，除了传教布道外，更定期举办演说会，讨论会，传播新知，阐述时事，一时间成为广州市新派人物、知识分子聚会的中心。当时经常来聚会有胡汉民、马君武、卢少歧、宋通儒、程子仪、周自齐、王亦鹤、张蒿云等人。有的是年轻的官员，有的是报馆的编辑，有的是学者，有的是名门贵公子。夏天来临，天气燠热，张竹君便长期租用一只大花航，取名"紫洞庭"，邀大家一同上船游弋在珠江之中，清风指襟，款款清淡，大有同舟共济之慨。

但不久，就出现了麻烦，卢少歧是东莞富绅卢宾歧的儿子与张竹君家属通家之好，两人的关系就比较特别一些，在长期的接触中，一种从来没有过的，模模糊糊的感情，已经偷偷地钻进了卢少歧的生活中。非常偶然卢少歧已经一个星期没有见到张竹君了。

那天，他决定到张竹君的医院去看看，他顺着花园慢慢地走到栅栏前，拾起栅栏前的一个松球，朝门里扔过去，张竹君连忙跑到栅栏跟前，快活说着，把手伸给他。张竹君高兴地说道："这么长的时间，你跑到哪儿去了？你答应借给我的书呢，怎么忘记带来了，到花园里来吧！"卢少歧见到张竹君穿着领子上有蓝条的白色水兵服和浅灰色短裙。一双带花边的短袜紧紧裹住晒黑了的匀称的小腿，脚上穿着棕色的便鞋，发黑的头发梳成一条粗大的辫子，她那双大大的眼睛也正在留心地观察自己。

那天，两人在花园中一直坐到深夜，张竹君如饥似渴地听卢少歧讲述一些新名词，双方都明白对方的心中藏着自己，后来朋友们慢慢地来了，一群年轻人聚在一起，又说又笑，又跳又唱。张竹君紧紧挨着卢少歧坐着，她那富有弹性的胸脯隐隐约约地挨着卢少歧的肩膀。卢少歧感到局促不安，他觉得张竹君的声音又嘹亮、又圆润。

就在两人的感情日益接近的时候，斜刺里又闯进来一位不速之客，马君武对张竹君的才干及魄力，佩服得五体投地，更对她的明艳豁达与善解人意，醉心到发狂的地步。

在百般暗示都得不到明确回答的情况下，使用法文写了一封求婚信，词藻典雅，情词纯挚。使张竹君看了不禁感动不已，她少女的胸怀起了微微的涟漪。因有卢少歧在先，又不忍伤马君武的心，事情就拖了下来，结果三人都十分痛苦。终于张竹君给马君武回了一封信，信的大意是：希望马君武先生多为国家社会尽些力量，一旦结婚以后，不但为家务所累，也将受儿女牵缠，所以婚姻问题，暂时不要作考虑！

马君武经此打击，黯然离开广州而远走南洋，后来追随孙中山到了日本，可马君武总记着张竹君的好处，不能忘情，在《民报》

上写了一篇《女士张竹君传》称她是中国的女豪杰，对她颂扬备至。还在诗中说她："女权波浪盖天涌，独立神州树一军。"《民报》在海外发行甚广，使得张竹君的大名不胫而走，就连南洋华侨领袖陈嘉庚的女儿，后来做了汪精卫妻子的陈璧君都对张竹君神往不已，她从南洋槟榔屿北上日本留学，道经香港，极想一瞻张竹君的风采。

张竹君给马君武的信似乎还留有一席余地，马君武对张竹君念念不忘。卢少歧深深地陷入痛苦之中，他决定成人之美，一个人悄悄地出国深造。

旧友星散，张竹君的婚事也就耽搁下来，除了两所医院之外。张竹君为了医教合作，更创办了一所育贤女学。原本办得有声有色，不料却因体罚两名学生，引起了轩然大波，有人推波助澜，闹得满城风雨，张竹君心灰意冷，于是只身飘然远走上海。

在上海，张竹君凭着她渊博的医学知识，高贵的社交风范，使犹太富商哈同的夫人罗迎陵成了她的干娘；上海第一富绅李平书成了她的干爹。几年下来，张竹君又在上海开了几家医院，风头之劲，比在广州时有过之而无不及。

这期间，张竹君的好朋友徐佩萱去了一趟南洋，加入了"同盟会"，回到广州后，开了一家守真褛婊画店，作为同盟会的联络站，改名徐宗汉，积极从事革命工作。三二九黄花岗起义，徐佩萱冒险犯难送枪送炮，起义失败后，掩护黄兴改装逃到香港，经过一场生死患难，徐佩萱与黄兴结为夫妇，过了几个月苦闷而漂泊的生活。到了这年的农历八月十九日，即公历一九一一年的十月十日，武昌起义爆发，黄兴立即携徐佩萱北上赴难，但由于清朝铁骑四出，关卡检查严密，无法到达武汉。

　　夫妇两人千方百计总算绕道来到了上海，徐佩萱找到了张竹君。凭着两个人的交情，更激于爱国感情，张竹君一口答应把他夫妇二人送到武汉。几经商榷，迅速组成了"红十字会救伤队"，一行二十余人，由张竹君领队，黄兴和徐佩萱混迹其中，登上英商怡和公司的江轮溯江而上，果然躲过沿途的检查，黄兴在公历十月二十八日抵达汉口。这时武汉的局势一片混乱，北洋精锐部队大举南下，黄兴立即担任了战时总司令，指挥若定，打退了北洋军队对武昌的进攻，使岌岌可危的形势稳定下来，各省纷纷独立，清政府垮台。

　　张竹君率领的"红十字会救伤队"在武汉地区、枪林弹雨中工作了一个月零三天，食不知味，目不交睫。回到上海的时候，各界举行了欢迎英雄凯旋式的盛大欢迎会。这时中华民国已经成立，张竹君早年的好友，都在民国政府担任要职，胡汉民荣任大总统府秘书长，马君武出任实业部次长，黄兴任陆军总长……张竹君却专心致志地在上海新加坡路规模宏大的南市医院当她的院长，很少在公共场合出现，她陆续收养了二十几名孤儿，视同己出，把一片爱心倾注在他们的身上。不关心世事的变化，一直到马君武去看她，她才知道政局又起了变化。

　　马君武特地去看张竹君时，张竹君打开门，看着站在门外的马君武，像新嫁娘一样有些腼腆局促。马君武想说点儿什么，但是仿佛喉管梗塞，马君武弯下腰，满怀敬意地吻了一下张竹君秋叶般微微颤抖的手。张竹君示意让马君武走进她的房子里，马君武坐下后仔细地端详着张竹君，张竹君将一杯君山银针茶端给马君武，马君武注意到张竹君的手还是那么精致，光滑的指甲泛着光泽。马君武呷了一口茶，让茶的余香在口内回味了一下，慢慢地告诉张竹君，他已经成家了，他来看望张竹君，是和她告别的。马君武说，南北议和成功，袁世凯就任了临时大总统，他辞去了实业部次长的职务，决定出国去。他认为南京国民政府向袁世凯妥协是不对的，会失去许多的东西，尽管离去是痛苦的，他已经没有什么义务留在这里。张竹君淡淡地听着，在那平静的表情下感到非常地痛心，等马君武讲完后，她平静地祝马君武一切如意，望着他说道："当年我们一群人在广州的时候，大家都互相勉励着要永远有勇气，要做一个有用的人。"马君武要走时，张竹君对他说："我不送你了。"马君武说："还是不送的好。"张竹君终身未嫁，她致力于女权运动，清末明初，男尊女卑的风气仍然十分普遍，只要尚有余力，多数的男人们都要娶三妻四妾，可张竹君看不惯这种男女不平等的社会现象，由于其在社会上的影响，许多妻妾成群的男人都怕她。张竹君大名顶顶，据说连路遇强盗时，她报出张竹君的名号，歹徒都竟然敛容正色，鞠躬而退。

世界艺术家潘玉良

在巴黎一座安眠着许多杰出艺术家的墓地，一块宏伟的黑色大理石墓碑上，镶嵌着一位长眠者的白色大理石浮雕像。雕像的下方，悬挂着几十枚造型各异而又美观的奖章：

右边是一行用中国汉字镌刻的碑文：世界艺术家潘玉良之墓（1895～1977）。

潘玉良，原名张玉良，这一位"美"的富有者，她的人生道路

是多么艰难而又曲折：孤儿—雏妓—小妾—艺术的追求者—中国最
高学府的教授—世界艺坛的著名艺术家！这就是她漫漫一生的经历。

张玉良出生在古城扬州一个贫民家里。一岁时丧父，两岁时姐
姐死了。到了八岁时唯一与之相依为命的母亲也不幸离开了人世，
失却了生存支柱，孤苦伶仃，她被舅舅收养。

在舅舅家眨眼过了六年，女孩子到了十四岁是最招人注目的时
候，俗称剖瓜时节。她因做事勤劳，因而发育成熟较早，兼之，一
副鸭蛋型脸庞，五官匀称，高高的鼻梁，水汪汪的眼睛，两条像描
绘过的柳叶眉毛，两颊一对甜甜的小酒窝儿，且身段儿苗条，显得
亭亭玉立，天生的丽质天资，真是个天生的小美人儿。她舅舅看着
这些，不由忘却了同胞姐姐的手足之情，财迷心窍，在她十四岁那
年的初夏，他偷偷哄着将她卖给了芜湖县城的怡春院，当了雏妓。

十七岁那年，她因姿容清秀，气质脱俗，渐已芳名远播，成了
芜湖地界令人瞩目的一株名花。这年，正巧海关监督潘赞化来芜湖
上任，当地政府及工商各界同仁举行盛宴，为新任监督接风洗尘，
商会会长将张玉良献上弦歌助兴，张玉良轻拨琵琶，慢启朱唇，珠
圆玉润，一曲《卜算子》古调在厅内婉转回荡：

> 不是爱风尘，似被前缘误。
> 花落花开自有时，总赖东君主。
> 去也终须去，住也如何住？
> 若得山花插满头，莫问奴归去。

曲子重复了两次，凄怨悠远，渴望幸福和自由的旋律，在厅内

久久萦回。新任监督潘赞化深受感动，良久之后，问张玉良："这是谁的词？"张玉良一声长叹："一个和我同样命运的人。"潘赞化又问："我问的她是谁？"张玉良像是回答又像自语道："南宋天台营妓严蕊！"潘赞化凝神地瞅了她一眼，像认真端详她似的说："嗯！你倒是懂点儿学问。"张玉良腼腆不安地答道："大人，我没念过书。"潘赞化意味深长地"啊"了一声，一缕惋惜怜爱之情油然而生，说："可惜呀，可惜！"商会会长目睹了这一切，心中暗自高兴，他将嘴凑近潘赞化耳边，说："潘公，她还是黄花闺女呢！"潘赞化没答腔，心中却不由地泛起一丝波纹。

"咯咯咯！"家仆在敲门。

"什么事呀？""会长送来个姑娘，说是特来伺候大人的。"潘赞化惊了一下儿，像是受了些耻辱，便说："我睡了，叫她回去！"话刚出口，又觉得不妥，赶着补充道："你告诉她，明天上午如有空，请她陪我看芜湖风景。"潘赞化心里已明白了会长送来的姑娘，一定是白天弹琵琶唱曲的那个文静雅致的姑娘。

回到怡春院，张玉良挨了一顿打骂，说她是个废物，漫漫长夜中她在哭泣……第二天，张玉良奉命陪潘赞化出游，她竟像个木头人一样，一点儿也不知道芜湖这些名胜的故事，讲不出湖的风貌，完全失去了她导游的含义。然而潘赞化没有因此轻看她，也没有把她只当作一个伴游的烟花女子。他自己是个知识渊博的人，对芜湖的风景名胜并不陌生，他反而耐心地给她讲述风景名胜的历史和典故。她忘了自己身份的低微，更忘了世人的冷眼和歧视，她感到潘赞化有学识，平易近人，使她产生了爱慕之心。

待夜幕降临时，潘赞化吩咐车夫："送张姑娘回去！"张玉良恩求道："大人，求求您，留下我吧！"泪水盈盈，浑身显得有些轻微的颤抖，死死跪着不起，潘赞化弯腰牵她的双手，她就势乖巧地匍匐在他手上。

走进监督宅院客室，潘赞化问道："我问你，你要留下做什么？"张王良鼓足勇气说："他们把我当鱼食，想钓你潘大人上钩，一旦你喜欢上我，就找你讨价还价，给他们货物过关行方便，否则就以你狎妓不务关务，败坏你的名声！你若赶我回去，他们就说我无能，找流氓来糟蹋我。我知道大人是正派人，留下我对你不利，但我无奈啊！"潘赞化急问："他们是谁？"张玉良答道："商会马会长和干妈他们……"潘赞化听了，点了点头，面上现出严竣的神色，让仆人在书房内为她铺了一个床铺，他自己睡在那里，将自己的卧室给了张玉良住。

这一夜，张玉良辗转反侧，潘赞化冒着嫌疑，不顾忌自己的名誉收下她，又让出了房，她觉得不安。当今社会的官员中，像他这样正直而具有怜悯心的怕是凤毛麟角了。

他高大的形影袭上她的心头，一股莫名的爱，化成烈火烧灼着她，她觉得心情振奋，惭悄地起来，揉了揉眼皮，披上了衣，坐在案前，捻亮了灯，找了一张纸，在上面画起了她从小喜爱并熟悉的莲。

第二天，潘赞化很早就外出了。仆人给她送了三餐饭，她未出门，一直等待潘赞化回来。天黑了，她没点灯。坐在床边，轻轻抚动琴弦，小声地唱道："溪中春水清，岸上春花明。"突然"嘶"的一声，有人点亮了灯。她吓了一跳、一看，正是她期待的人，她叫了一声；"大人，您回来啦！"潘赞化淡淡一笑说："听你弹曲子，好半天了，弹得不错！

"看，给你带回了什么？"他扬起手，是一套新编高级小学课本。"我看你没念过书，一开始就学古文有困难，还是先易后难吧，现在给你上课。"张玉良驯顺地坐在他对面。

上完课潘赞化准备起身离去，无意中发现了张玉良画的那幅莲，赞叹道："过人的天资，天生的艺术素质！"张玉良羞怯怯地说："画着玩的，大人见笑！"一转眼两个月过去了，张玉良如饥似渴地学完了那套高小语文课本。一天，潘赞化对张玉良说："我想把你赎出来，送你回老家扬州做一个自由人。"张玉良一听哭起来，乞求他说："回扬州，我一个孤苦女子，无依无靠，还不是从火坑跳到水坑吗？大人将我留下做个佣人吧，我愿终生侍奉大人。"潘赞化停了一下儿，说："玉良，你是个好姑娘，又很聪明，在我眼里，你是个孩子。我长你十二岁，家中早有妻室儿女，我总不忍委屈你，现在看来没有别的办法。他们在外面给我造了不少谣言，想要我在关税上向他们让步……唉！事情到了这种地步，你……你要是真的愿意，我就决定娶你做二房，明天就可以在报上登结婚启事。"张玉良眼睛里放出了异彩，她欣然同意了。

婚宴后，他们送走了客人，潘赞化偷眼瞧着她，青春的力量在血管里振动，他伸出手搂住她纤细的腰，把热辣的唇送过去，她全身酥软，兴奋得几乎要晕了过去，好想哭起来……

赞化对她说："有件事先没跟你商量，我给上海拍了电报。请朋友为我赁套好点的房子，以后你就住上海。"玉良吃惊地说："不！不嘛！我不要离开你，我要长期侍侯你。""听我的，玉良，到上海去好，给你请个先生，系统地教你读书，离开这个是非之地，明天就动身。"潘赞化把她轻轻地搂在怀中，声音说得很细。

临上床时，她拿起笔，在她的作品"荷花"下具名张玉良的上面，工整地加了一个"潘"字。潘赞化说："你怎么把姓改了？我是尊重女权和民主的，还是姓张吧。"玉良回首一笑，撒着娇："我应该姓潘，我是属于你的，没有你就没有我！"潘赞化笑了，上前紧紧抓住她的纤纤玉手，玉良搂着他的脖子，主动配合一个热吻。潘赞化感到全身一股热流……

三天后，他们乘船到了上海，潘赞化为潘玉良安排了新居。为她请了教师，她开始了新生活，她像春暖花开时节的雏燕，迎着明媚的春光，要学着飞向天空。

先生每天上午为玉良上三小时课，下午玉良就做练习。她如饥似渴地学习，长进令老师感到惊奇。有一天，她经过邻居洪野先生窗口，发现洪先生作画，从此她常常偷偷逗留这窗前，屏声静气，每次都是静悄悄，后来还是被洪先生发现了，这是她一次极好的缘分，玉良成了他的好学生。洪野先生给潘赞化的信中道："……我高兴地向您宣布，我已正式收阁下的夫人做我的学生，免费教授美术……她在美术的感觉上已显示出惊人的敏锐和少有的接受能力。

人的机遇是难以预料的，有时偶然性也表现为一种奇特的命运，会把做梦也意想不到的幸运赐给人。认识了潘赞化，是张玉良人生道路上的转折点。

一九一八年，张玉良报考了上海美术专科学校，参加考试的人那么多，黑压压地坐满了五个教室，她泰然自若地挥动着画笔，运用自如地把感觉准确地用线条表达出来。她的素描画受到了师生们的一致赞扬。交了卷，回到家里，她坐立不安，多么想把心中的欢乐和激情告诉亲人。"咚咚"响起了敲门声，她去开门，是洪野先生，他兴冲冲地走进来，笑得那么轻松，那么热烈："玉良，你今天考得不错，监考老师都称赞你那幅素描，看来录取是不成问题了。"一周后，学校放榜了，校园门口人山人海，玉良挤在人群里，她在那名单里找寻，找遍了，她的心开始紧缩起来，呼吸也显得急促。从头到尾，就是没有她的名字，一线希望破灭了，她脸色苍白。洪先生见状，以为她病了，要送她去医院，她摇摇头，表示没有病。"啊！没病？你怎么了？"洪先生急切地问。

"榜上没有我的名！"她有气无力地回答。

说完这句话，她一扭头走了，步子是那么急促，洪先生迅即到教务处询问。

先生们说："我们的模特纠纷还未平息，取了她这种出身的学生，不正好给卫道士们找到借口吗？"洪先生气急了，他跑去找校长，阐述他义正辞严的看法，"学校录取学生，只认成绩；国家用人，只认人才，老天爷也不拘一格降人才嘛！自古人才难得。出身作为取舍的标准，这还叫学校吗？艺术是真实的，从古到今的艺术并没有这样一个不成条文的规矩，校长，这样对待人才，太不公平了！这是对艺术的扭曲！"刘海粟校长听得动了感情，他立即执着一支饱蘸了墨汁的毛笔，来到榜文前，在第一名的左边空隙处写下了"张玉良"三个字，并在那上面加盖了教务处的公章。

洪先生跑着去找张玉良，走进家门，她不在家，经人指点，洪先生来到苏州河边。啊！她正在河边踱来踱去，河风吹着她的秀发，她显得憔悴不堪。脸上像冻了一层冰，这时，刘校长也尾随洪先生来了。

玉良惊呆了，她无力地低下了头。

洪先生兴奋不已地向她道喜："玉良，玉良！你被正式录取了！真的，刘校长亲自来通知你啊！""对，张玉良，这是真的，我为你祝贺！"刘校长望着她慈祥地笑着。

"校——长！洪老师！"她已控制不住感情的冲动，她由衷地喜悦，哭了，哭得那么美，那么叫人怜爱。难忘的一九一八年呵，张玉良踏进了中国高等艺术学府的大门上海美专。

第二学年开始，班里开设了人体素描课。上第一节课那天，一走进教室，就见讲台前站着一个健美的裸体少女，男同学低下了头，玉良也有些难为情。她脸色绯红，头低到了画架上，心里像小鹿蹦蹦直跳。老师过去都是常赞扬她的画，今天却对她说："你风景画得那么好，怎么在人体造型上，感觉这么迟钝？"那天，去浴室洗澡，倾刻间，她眼前放出了光彩，这不是个练习人体动态的好机会吗？她赶紧跑回宿舍，拿来了铅笔和速写本，借卧位的一隅，迅捷地画了起来，她沉浸在艺术实践的兴奋中。后来被人发现，招致愤责并且挨了顿打，她的精神和身体都受了创伤。

星期天，她回到家里，关好门窗，拉上布帘，脱去衣服，赤条条地坐在镜前，仔细观察自己丰满的前胸，白皙柔嫩的皮肤，匀称的两腿，全身各个部位，整个下午，她都没离开洼画架，她这一习作，使自己进入了优秀毕业生的行列。

不过，这也轰动了学校，人们当作新闻传递，褒贬不一，为这事校长召见了她。校长关切地说："玉良女士，西画在国内发展受到限制，毕业后争取到法国去吧。我给你找个法语教师辅导你学法语。"她明白了校长的意思，感动地点了点头。

潘玉良征求潘赞化的意见，他听从了她的去向的意愿："好吧，你有你的道理，你追求的是有意义的事业，我听你的！"玉良竟似孩子一般，破涕笑了，她倒向他宽敞的胸膛。

轻软的海风带着丝丝缕缕的咸腥味，从窗口飘了进来。坐在加拿大皇后号邮轮上，玉良心里激动万分，自从考取了留学津贴，她就沉浸在欢乐中，终于踏上了去巴黎的征途，她永远不会忘记这一天一九二一年她心中最视为神圣的这个去异国征途的日子。

玉良先在里昂中法大学补习了一个月法语，就以素描成绩优异考进了国立里昂美专。

一九二三年，又转插到巴黎国立美专。这期间，她与中国同学徐悲鸿，邱代明等，在巴黎的凯旋门，在波光粼粼的塞纳河上留下足迹和身影。一九二五年，她结束了巴黎国立美专的学业，插入了罗马国立美专。艺术之都罗马，它以规模宏大的古代建筑和丰富的艺术珍藏称著于世界，在这里，她成了高级学术权威琼斯教授的免费学生。一九二八年，她油画专业毕业，正式考入了琼斯教授所授课的雕塑班。

那时，国内政局不稳，潘赞化丢掉了海关监督之职，又不能寄钱给玉良，本来就很少的留学津贴，早就时断时续，残酷的现实使得她常饿着肚子上课，零用钱，那就更谈不上了。

一九二九年的春天，她一连四月未见家信和津贴，一次在课堂上晕了过去，教授和同学们见状不忍，凑钱给她。正在这时，传达员高喊："中国的张玉良女士，你的汇票！"同学们围拢来一看，是欧亚现代画展评选委员会的，附言："潘张玉良女士，你的油画《裸女》荣获三等奖，奖金五千里尔。"毕业考试和答辩都已进行过了，即将举行毕业仪式时，玉良与在欧洲游历的母校校长刘海粟不期而遇。异国重逢，她无比激动，一把抱住老校长，一句话也说不出来，眼眶里只是泪花。当下，刘校长给玉良写了聘书，回国后，聘任她任上海美专绘画研究室主任兼导师。

九年的异国他乡的飘泊，历尽艰辛，带着圆满和喜悦，她回国了，心里说不出的高兴。

"呜……"一声悠扬的笛哨，船在吴淞口港靠岸了，潘赞化一步跨进船舱，二人久别又重逢了。

两个月后，王济远先生为潘玉良在上海举办的"中国第一个女西画家画展"开幕了。

展品两百多件，震动了中国画坛《申报》发了专题消息，刘校长从罗马发来电报祝贺。

这时，玉良的留法同学徐悲鸿，以中大艺术系主任身份向她发出聘请，请她去"中大"执教。

一九三二年，玉良举办第二次个人画展，游欧回国的刘校长亲临画展。校长在那张《浮山古刹》前停住了，他指着画对身旁围观的人，说："你们看，好一座别致有趣的古刹，可谓是淋漓逼真，惟妙惟肖，它说明了作者西画功底坚实，也表现了技巧的纯熟，意境不错。"在场观者无不赞同，可老校长话锋一转，"可是，我不喜欢也不主张这种素描，我主张借鉴西方的艺术，用以丰富和发展我国的绘画艺术……"玉良受到了震动，她认真思量，自己作品缺乏个性。之后，为了充实和丰富自己的艺术营养，她走遍黄山、庐山、浮山、扬子江等地在峰巅、峡谷、画室、课堂、河畔、林荫奋战。两年后她展出了别开生面的新作，受到了人们的赞誉。

一九三六年她举办个人第五次美展，也是她在祖国土地上最后一次画展《人力壮士》赢得了最高荣誉，但不料在收展时，在《人力壮士》那张画上，贴了一张纸条。纸条上写着："妓女对嫖客的颂歌。"这又给玉良心上重重一击！

画展刚刚结束，玉良心上的伤痛还未平复，就开始了授课。这天，她突然接到潘赞化的电话，大夫人来了。她回到家里，听到大夫人说："国有国法，家有家规，大主小卑，千古常理，不要以为当了教授就可以同我平起平坐……"潘赞化无奈地说"哎呀！你……"玉良思前想后，又不由同情起潘赞化来，"倒是难了他呢！"于是她心软了，屈服了，她急步走进屋里，对着大夫人双膝跪了下来。

怎么办？到哪里才能彻底挣脱缚绑自己的绳索呢？这时，她又想到了曾经奋斗过的地方。

玉良又坐上了加拿大皇后号邮轮。海在抖，浪在翻。离开了赞化，离开故土，她又来到巴黎，仍旧住米斯太太家。这异国的女人，待人极为热情和纯朴。她们相处得很融洽。她有时去大学弥尔画苑作画、雕塑；有时到郊外写生。得到好作品就自己珍藏起来，只出售一些平庸之画维持生活。

不久，她在"中大"的学生王守义来到巴黎，专程找到了玉良。玉守义是同中国乐园的主持李林先生一起来的，想让玉良承订一座格鲁赛先生的雕像，报酬六千法郎，时间三个月，玉良答应了。为了这尊雕像，她花了不少心血，作品完成后，按合同规定，须鉴赏家审定，鉴赏权威那赛夫先生看完了作品说："潘夫人，谢谢您！这座格氏雕像，是我所见过的最为成功的作品之一。我是格鲁赛先生生前好友，他的形象我永远忘却不了，我感谢您这灵巧木笔，再现了他庄严的学者风度和永远谦和的品格，真是栩栩如生，好极了！我们博物馆决定收藏它。"玉良顷刻觉得心里凉爽和甜润，脸上绽出宜人的红润，那赛夫先生又试探地问：

"夫人，能让我欣赏您的其他作品吗？"

玉良说："请吧！"他们走进了玉良的工作室，名曰陈列室，那赛夫走进来后，惊讶了，他兴奋他说："这就像藏匿在深谷的一朵意大利黑色郁金香，独具神韵。一旦被识者发现，就会让艺坛惊倒！"

1938 年初的一个晴天，玉良去看一次画展，她正看着一幅画，一个小报童的叫卖声传来："号外！号外！日军占了中国首都南京！"玉良的心抖了一下儿，仿佛它已从胸腔跌落尘埃，身子顿觉空了，轻飘飘的。

这天晚上，她彻夜未眠，在悲愤中完成了一尊雕塑草坯《中国女诗人》。南京陷落后，玉良与潘赞化失去联系，她痛苦万分，多亏王守义常与她在一起，使她得到安慰。

一次，她与王守义去纳赛河写生，王守义向她提出求爱的要求，玉良叹了口气说："你太了解我了！我只告诉你，我没有这个权利，我比你大十二岁，且我已早成了家呀！""不！你是在骗我，也骗你自己。我虽然不了解你最早留法的原因，但我知道你第二次来巴黎是决定不再回去的，你有痛苦，有难言之隐，有不幸，这是瞒不了爱你爱得强烈的人！"玉良身子微微一抖，眼眶红润，但她尽量克制不让泪水溢了出来，她苦笑了一下儿，回答他说："朋友，我不讳言，我有痛苦，但也有宽慰，那就是赞化和我真诚相爱，我虽然和他隔着异国他乡，但我相信总有一天，我还要回他的身边。"

王守义眼泪夺眶而出，声音颤抖地对玉良说："好姐姐，你！……原谅我吧！"玉良又说："都怨我不好，惹你伤心，好兄弟，你恨我吧！"一九五〇年，玉良去瑞士、意大利、希腊、比利时四国巡回画展，历时九个多月，获得了一枚比利时皇家艺术学院的艺术圣诞奖章。当她胜利回到巴黎时，在《晚邮报》上看到了一则消息："中共重用艺术家，徐悲鸿任北京中央美术学院院长，刘海粟任华东艺术专科学校校长。他们的个人画展，由官方分别在北京，上海举办，盛况空前。"玉良的眼睛湿润了，是激动？还是乡情？

这时恰好李林先生颤巍巍地走来，握住玉良的手说："潘夫人，祝你画展成功，也祝你被选为巴黎中国艺术学会会长！"晚上回到住处，玉良又见到了潘赞化从中国寄来的信，赞化介绍了祖国解放后建设事业蓬勃发展的情况，希望她早日回国！此时此刻，她说不出有多激动，有多高兴，她顾不上疲劳，立即给潘赞化写了回信。

玉良向往着飞回祖国，但她为她画展准备的作品，不得不花费她更大的精力，她全力投入创作。生活在演变中，赞化的书信慢慢少了，有时只有三言两语的客套话。什么汇款收到了，家中还好。谢谢你的支持，"望善自保重"，"政府英明，给我照顾"等等之类。后来竟长时间没了音信。发生了不幸？他有难言之隐？不测风云？她联想到近来法国报纸上常常刊载中国知识分子的消息，心里一阵悸动！

一九五八年八月，"中国画家潘玉良夫人美术作品展览会"在巴黎多尔赛画廊开幕。展出了她多年来珍藏的作品，雕塑《张大千头像》、《矿工》、《王义胸像》、《中国女诗人》，仙画《塞纳河畔》、水彩画《浴后》等等。刊印了特刊，出版了画册。展览未闭幕，展品除自藏未标价外，均订购一空。巴黎市政府购藏十六件，国家教育部，市立东方美术馆都有收藏。更引人注目的是国立现代美术馆购藏了雕塑《张大千头像》和水彩画《浴后》报纸和艺术刊物都争相撰文评价。她的汗水没有白流，她的辛苦没有白费，她的心血没有白付，她成功了！

美展宴会归来，画桌上摆着潘赞化的一封来信，她的手颤抖着拆读起来。

"来信预告美展有成功之望，将实现你之积四十五年之理想，当祝当贺！

"你要回国，能在有生之年再见，当然是人生快事。不过虑及目前气温转冷，节令入冬不宜作长途旅行，况你乃年近六旬的老媪，怎经得长途颠簸和受寒冷，还是待来春成行为好……

读到这里。她什么都明白了，她领悟了赞化措词的用心，现在不宜回国，这是赞化信中的核心，也是他急切要表达而又不便表达的内涵，一柄利剑，插在她的心口上，她全身感到一阵痛苦的颤栗，她无力地倒在沙发上。

一九五九年，巴黎大学把它设置的多尔利奖，奖给了张玉良，这在巴黎大学的奖励史上是破天荒第一次。巴黎市市长亲自主持授奖仪式，把银盾、奖章、奖状和一小星型佩章授给了她。晚上回到住处，张玉良写了两封信，一封信给刘海粟先生，一封给赞化，她取出一张照片，背面写上：

今天获巴黎大学多尔利奖，此系授奖时与巴黎市市长留影。赞化兄惠存。

玉良　一九五九年四月二十七日

她希望这两封信能寄到刘校长和赞化手中，在她心里埋下了一颗希望的种子。

一九六四年，法兰西共和国与中华人民共和国互相承认，建立了外交关系。一天，一位叫王萍的女士专程来到玉良的住处，她代表大使馆来看望张玉良，这时玉良才知道赞化已于一九五九年七月离开人世。一场平地而起的风暴，把玉良的归乡梦再次打碎了！

"文化大革命"开始了。一次王萍又来玉良住所，她捎来了周恩来总理传来的信息："祖国理解你的心情，也诚挚地欢迎你回去，什么时候回国？总理有考虑，由我们安排。"一晃又是十年，中国结束了动乱，王萍又专程到医院看望病床上的张玉良，并向她报告了喜讯，错划的人得以平反改正，她的老校长刘海粟回到南京艺术学院任院长。

玉良颤抖抖地从胸前口袋里掏出怀表，又从脖子上取下嵌有她同赞化合影的项链，放到守护在她身旁的王守义的身上，用尽最大的气力说："兄弟，多少年来，有劳你照应，现在我不行了，我……还有一件事相托。"王守义贴近她的嘴，她费力地说："兄弟，这两祥东西，请你带回祖国，转交给赞化的儿孙们……还有那张自画像，也带回去，就算我回到了祖国……拜托了！……"她的声音越来越小了，她的眼睛在嘴唇无声地蠕动中闭上了。就像束灿烂的流星倏然消失在巴黎的夜空。

哀痛的堤坝破了，病室被啜泣声淹没。

"呜——！"塞纳河鸣起了长声的汽笛，像是有意为这位举世闻名的女艺术家而寄托悲哀。

"嗡——！嗡——！"圣母院撞响了沉重悠远的钟声，它也有意配合汽笛的长鸣，节奏悠扬而委婉，寄托着一种莫名的幽怨。

陆小曼水性杨花

一九二六年农历七月七日，牛郎织女相会的那天，北京北海公园进行了一场人们议论了很久的婚事。新郎徐志摩，新娘陆小曼早已成了舆论的中心，婚礼上，徐志摩老师梁启超的祝词使得在场的所有人，除了他自己之外，都感到难堪。他不仅没有讲吉祥话，反而对新郎、新娘痛斥，切责他们不该把婚姻当成儿戏，最后说道："祝你们这是最后一次结婚！"事后梁启超写信给他的女儿梁令娴，说道："我昨天做了一件极不愿意做的事，就是去替徐志摩证婚。他的新妇是王赓的夫人。与志摩爱上才和王赓离婚，实在是不道德之极。志摩找到这样一个人做伴侣，怕将来痛苦会接踵而来。所以不惜声色俱厉地予以当头棒喝，盼能有所觉悟，免得将来把志摩弄死。我在结婚礼堂上大大地予以教训，新人及满堂宾客无不失色，此恐为中外古今未闻之婚礼也。"

陆小曼是北京城里有名的交际花，她的父亲陆定原是财政部的赋税司司长，后来弃政从商，出任震华银行总经理，算得上是一位财神爷型的人物。陆家有的是钱，舍不得让宝贝女儿进学堂，便把需要的老师都请到家里，所以陆小曼虽然没有上过学，除中国文字颇具造诣外，英文、法文的口语笔译都流畅自然。在艺术方面，除写得一手绢秀的毛笔字外，国画、京戏、舞蹈样样都行。再加上她从小口齿伶俐，长得像个小仙女似的，便赢得了"绝代佳人"的美誉。

陆小曼的第一个丈夫就是梁启超信中提到的王赓，曾留学美国普林斯顿大学、西点军校。与陆小曼结婚的时候，正任教北京大学。婚后不久，两人的生活方式与生活习惯便产生了差异。王赓办事认真负责，为准备授课经常埋头研究。陆小曼生性风流，三天两头到外头游乐。于是王赓认为陆小曼没有尽到一个妻子的责任，也没有守住妇道人家的本份；陆小曼则认为王赓不够体贴，喝过洋墨水的的人还如此古板。这时王赓留学美国时的好友，北京大学的同事徐志摩悄悄地介入进来。

陆小曼是江苏武进人，徐志摩是浙江硖石人，比王赓小一岁，比陆小曼大六岁。曾入北京大学、美国克拉克大学、英国剑桥大学读书，生来绝顶聪明，后来拜在梁启超的门下。他的散文、新诗把中国古典文学和西方文学糅合在一起，深入浅出、华而不腻、媚而不俗。"五四"运动前夕，他提任《北京晨报》的副主编，后来又成立"新月书店"，发行《新月杂志》。在新文化运动中推波助澜，他成了追求时髦的人崇拜的偶像。徐志摩卓尔不群、兴趣广泛、风流潇洒。他早就有了结发妻子张嘉玲，但在欧洲留学期间拼命追求林徽音。这样的人自然是陆小曼喜爱的。

徐志摩是王赓的好朋友，渐渐地和陆小曼也就熟悉了。王赓一旦遇到事情多分不开身或是懒得出去的时候，便叫徐志摩陪着陆小曼外出游山玩水或钻进灯红酒绿的场合消遣。那时，徐志摩正处在失恋阶段，他拼命追求的林徽音瞧不起他，和梁启超的长子梁思成结婚了。于是便把满腹的柔情转移到陆小曼身上。恰好王赓受聘赴哈尔滨提任警察局长，陆小曼空闺独守、芳心寂寞。陆、徐二人就像 A、B 胶一样，越粘越紧。

从传统道德讲，徐志摩追求陆小曼，算是对结发妻子张嘉玲不忠，对朋友王赓不义。然而徐志摩向来是随兴而为、不拘绳墨，一旦"邂逅赏心，相倾怀抱"，就顾不了身外之事了。陆家和徐家都认为他们是不孝子女，是丑闻，极力阻止。徐志摩、陆小曼认为："真爱不是罪恶，在必须时未尝不可以付出生命的代价来争取，与烈士殉国、教徒殉道，同是一理。"徐志摩向世人宣示："我之甘冒世之不韪，乃求良心之安顿，人格之独立。在茫茫人海中，访我灵魂之伴侣，得之我幸，不得我命，如此而已！"两人在风气初开的潮流中，受到青年男女的怂恿、喝彩，豪气干云地踏上"不思旧姻求新婚"的道路。像郁达夫就说："志摩热情如火，小曼温柔如棉，两人碰在一起，自然会烧成一团，哪里还顾得了伦教纲常，更无视于宗法家风。"

这时王赓受了孙传芳的邀请到了南京，在五省联军总司令部内提任总参谋长的职务，位高权重。风闻妻子行为有异，以快刀斩乱麻的方式，写了一封快信给陆小曼，声言："如念夫妻之情，立刻南下团聚，倘若另有所属，决不加以拦阻。"几经周折，徐志摩与张嘉玲离了婚，王赓与陆小曼也办了分离的手续。王赓对陆小曼酸溜溜地说："合得来是夫妻，合不来就分开，我自愿退让来成全你们，希望你能过得幸福。"

在胡适、郁达夫等一批朋友的帮助下，徐志摩积极筹备婚礼。徐家和陆家的长辈对徐志摩、陆小曼的事情十分痛恨，是坚决不参加婚礼的。于是徐志摩的老师梁启超尽管也反对他们两人的结合，是一定要请到的。在胡适等人一再相劝，好说歹说的情况下，梁启超终于答应参加婚礼。婚礼如期举行，梁启超说了前面提到的那段惊世骇俗的话，想不到竟灵验如神。婚后不久，陆小曼就提出要移居上海，说是要借十里洋场的五光十色，冲淡在北京积累下来的一身晦气。

他们在福熙路四明村里筑起爱的窝巢，有一段时间两人过得十分甜蜜。第二年春天，暖风醉人、百花怒放。陆小曼终于按捺不住蠢蠢欲动的荡漾春心，开始故态复萌。才刚刚投身社交圈里，便立刻造成极大的轰动。上海是藏龙卧虎之地，多的是满清遗老、王孙贵胄、富商巨贾，以及有钱又有闲的世家子弟。于是有人请她吃饭；有人邀她跳舞；更有人出来怂恿她票戏义演。风头算是出足了，时间、精神与金钱都一齐赔了进去，陆小曼认为十分值得，徐志摩却暗暗叫苦不已。

有一个叫翁端午的苏州人，家财丰厚、赋性风流、吃喝玩乐、不务正业、出手阔绰、挥霍无度，是雅歌集票房的台柱，更有一手推拿的医道本领。通过票戏与陆小曼相识，于是在陆小曼面前大献殷勤，两人常常搭挡演出获得满堂喝彩。有一次陆小曼演出

大轴，唱做累人，曾经一度晕厥。翁端午施展他的推拿绝技，为
陆小曼捏捏揉揉，居然解除了陆小曼的疲劳。于是陆小曼便常常
要翁端午为她推拿，感到通体舒服，两人的关系渐入佳境。翁端
午又教会陆小曼吃鸦片。这样翁端午在陆小曼身上一会儿上下其
手，抚摸揉搓；一会儿又和陆小曼倚枕横陈，对灯吞云吐雾，连
旁人都看不过去。然而徐志摩仍以赤子之心为娇妻辩护，他解释
说："夫妇的关系是爱，朋友的关系是情，罗襦半解、妙手摩挲，
这是医病；芙蓉对枕，吐雾吞云，最多只能谈情，不能做爱。"于
是陆小曼得寸进尺，完全不把徐志摩放在眼里，当着徐志摩的面
与翁端午出双入对，甚至做出亲昵的举动来。当年徐志摩所做的，
如今翁端午做得似乎更彻底；当年王庚所难堪的情事，此时徐志
摩也尝到了个中苦涩的滋味。真是报应，徐志摩现在是血淋淋地
跌在人生现实的荆棘丛中。

夫妻的感情出现了裂痕，陆小曼仍毫不在乎，昏天黑地地玩
着。徐志摩为了供应妻子无底的挥霍，除了在上海教书写作赚钱
以外，还风尘仆仆地远赴北京开源。时而上海、时而北京，两头
奔忙。

一九三一年十一月十七日，徐志摩从北京回到上海，晚上和几
个朋友在家中聊天。陆小曼依然是很晚才回家，而且喝得醉眼朦
胧。朋友们先后走了，徐志摩窝了一肚子的火。第二天，徐志摩
耐心开导劝说陆小曼，陆小曼根本就听不进去，两人于是大吵一
场。陆小曼正在烟榻上过鸦片烟瘾，突然发起小姐脾气，抓起烟
灯就往徐志摩身上砸。虽然没有砸中徐志摩的脑袋，却贴着额角
飞过，打掉了徐志摩的眼镜。徐志摩彻底地绝望，悄然离家到了

南京，十九日搭乘中国航空公司京平线的济南号飞机，飞往北平。飞到济南附近的党家庄，遇到漫天大雾，飞机误触开山山头，机毁人亡，徐志摩手脚烧成焦炭，死状极惨。

徐志摩的死引起极大的震撼，朋友们纷纷从各地赶来，为他操持丧事，郁达夫撰写的挽联高挂灵堂：

> 两卷新诗，廿年旧友，
> 相逢同是天涯，只为佳人难再得；
> 一声河满，几点齐烟，
> 化鹤重归华表，应愁高处不胜寒。

而灵堂中最显眼、最感人的挽联还是徐志摩的原配夫人张嘉玲和宣布脱离父子关系的徐志摩父亲徐申甫的挽联。徐申甫深为儿子的死所不值，他哭道：

> 考史诗所载，沉湘捉月，文人横死，
> 各有伤心，儿本超然，岂期邂逅罡风亦遭惨劫；
> 自襁褓以来，求学从师，夫妇保持，
> 最怜独子，母今逝矣，忍使凄凉老父重赋招魂。

张嘉玲本因为陆小曼的缘故，徐志摩已与她离婚。可她深爱着徐志摩，徐志摩的父亲徐申甫也觉得张嘉玲是难得的好儿媳妇，所以张嘉玲一直仍住在徐家。她是这样哭徐志摩的：

万里快飞鹏，独撼翳云遂失路；

一朝惊鹤化，我怜弱惜去招魂。

灵堂上，徐申甫不愿见陆小曼，张嘉玲却不避嫌忌，走去安慰陆小曼。陆小曼良心发现，愧悔交加，两人遥遥相对，哭倒灵堂。灵堂中，徐志摩脚下的长明灯忽暗忽明，闪烁不定。

徐志摩与陆小曼结婚五年，付出了宝贵的生命。老师梁启超的顾虑成了无法挽留的事实。徐志摩死时三十六岁，正当有为之年。陆小曼此时刚刚三十岁，正是女人最绚烂的年华。然而顶着徐志摩未亡人的头衔，自然不得不在社交场所有所收敛，社会上对她也颇不谅解。一般人尽量避免与她发生牵扯，她今天向贺天健学画、明天向汪星伯学诗，打发凄清的岁月。她干脆与翁端午同居，最后为生活所迫，连徐志摩《爱眉小扎》和《志摩日记》的版权也卖给了晨光出版公司。

"美人自古如名将，不许人间见白头。"

陆小曼终日疏懒困倦，打不起精神，很快地便憔悴了。她是在一九六五年文化大革命即将来临的时候，死在上海。

王映霞的感情纠葛

王映霞有"莘莘白"的雅号，是形容她的美丽。她父亲金冰逊早死，她随母亲住到外祖父，杭州名士王二南的家中。随外祖父研习诗文，打下扎实的国学根基。她与郁达夫之间的感情纠葛，因牵涉到一个戴笠而变得扑朔迷离。

王映霞在二十岁的那年与郁达夫结婚。郁达夫比她大了十二岁,一开始就埋下了矛盾的根子。郁达夫向王映霞写求爱信说:"一切照你吩咐做去,此心耿耿,天日可表。对你只有感谢和愉悦,若有变更,神人共击。"但订婚以后,郁达夫却没有处理好原配夫人孙荃和子女的事情,那时王映霞也不计较这些,跟定了郁达夫这个中年浪漫文人。

婚后王映霞发挥了妻子的柔情,除了竭尽所能与郁达夫共同建立一个爱的窝巢之外,并有目的地每天准备了鸡汁、甲鱼,黄芪炖老鸭,想尽了办法要把丈夫的肺痨病体加以补养。郁达夫也以"日记九种"的形式把他对王映霞的爱登在报刊上,使人们都知道他有一位贤淑、聪明、美丽的好妻子。这时他们的第一个儿子出生了,夫妻俩更加恩爱有加,过了五年甜蜜的生活。一九三三年,举家由上海迁到杭州,建一座"风雨茅庐"居住下来。

郁达夫的这一次搬家是为了躲避戴笠对王映霞的追求。对这位军统头子,郁达夫是惹不起的,在上海的时候就尽量限制王映霞,叫她少参加一些社交活动。到杭州后,郁达夫深居简出,每天就读读书、散散步。过了一段平静的日子,不久就远赴福州供职去了。杭州是王映霞的故乡,王映霞迅速地成了杭州社交场合的红星。女人都是水做的,女人都有极强的虚荣心,尤其是漂亮女人。有得几个人为她捧场,她就会忘乎所以,神经错乱。王映霞渐渐觉得她与郁达夫过去所过的八年,为他生下四个孩子是一种过错。她被他们束缚着,并没有享受到幸福的人生。由于第三个儿子已经夭折,她把剩下的三个儿子一齐交给母亲王守如来照管,再请两个姨娘帮忙。自己摇身一变打扮得花枝招展，一天到晚交际应酬，再不就是在风雨茅庐招待客人，茶余饭后，不避男女，开口无忌，说些谑而不虐的笑话，风雨茅庐成了男士们最爱光临的地方。

风雨茅庐的风风雨雨，招蜂引蝶的艳闻已经沸沸扬扬地传播开来，远在福州的郁达夫毫无所觉。一直等到王映霞已经投入了别人的怀抱，郁达夫才有所知觉，连番催促王映霞到福州与他同住，王映霞虽然遵嘱南来，但只住了三个月便以水土不服为由返回杭州。这时日本全面侵华开始，一九三七年八月十三日大举进攻上海，杭州危在旦夕。王映霞携家避难到浙西山区的丽水，与情人比邻而居，意出许多闲话。这个情人就是戴笠。

郁达大丽水寻到丽人，挈家前往武汉。满以为可以斩断他们的关系，不料却截获了他们之间肉麻兮兮的三封情书。郁达夫愤怒已极，把这三封情书照相制版，在朋友中广为散发，想要王映霞知难而退。王映霞无所谓，来个不辞而别，郁达夫长夜不眠。窗外王映霞洗涤晾晒的纱衫还挂在那儿，郁达夫越看越气，又毫无办法，拿笔饱浸浓墨在那纱衫上大写："下堂妾王氏改嫁前之遗留品！"并成诗一首：

> 凤去台空夜渐长，挑灯时展嫁衣裳；
> 愁教晓日穿金缕，故绣重帏护玉堂。
> 碧落有星烂昂宿，残宵无梦到横塘；
> 武昌旧是伤心地，望阻侯门更断肠。

"侯门"当指戴笠的府邸，对它郁达夫只能是"更断肠"。但郁达夫也有办法，他在报上登出"警告逃妻"的启事，使得王映霞颜面尽失，肝肠寸断。于是戴笠通过中间人来做郁达夫的工作，郁达夫又在报上登出："道歉启事"，王映霞写了一纸"悔过书"，双方于是言归于好。这时武汉局势吃紧，郁达夫扶老携幼带领全家逃到洞庭湖南岸的湖南汉寿。

秋凉时节，郁达夫只身再到福州供职。一个多月后，汉寿面临战火，王映霞仓皇带全家搭火车往长沙东行，又到了浙西江山。郁达夫连备函电催促，叫王映霞把岳母和两个小孩暂留江山，王映霞和长子赶快到福州。到了福州，郁达夫告诉王映霞说："我已答应了新加坡星州日报之聘，马上就要带你们母子远赴南洋。"

王映霞惊诧道："那么在浙西的母亲和孩子们呢？"

郁达夫斩钉截铁地答道："已经拜托友人代为妥善照料了！事急世乱，难得周全！"

郁达夫的想法十分明显，国内已经是漫天烽火，而妻子总是想在浙西山区一带打转，无非是旧情难断。为了逃避战火，更为了彻底斩断王映霞与老情人之间的联系，因而答应了《星州日报》的聘约，带王映霞远赴南洋。眼不见，心不烦，一切从头开始。去寻觅婚姻中的第二个春天。

王映霞毫无选择的余地，无可奈何地跟随郁达夫远渡南洋，这已是一九三八年的岁尾。

王映霞总觉得自己是钻进了一个精心设计的圈套，到了新加坡后天天还想着她的浙西山区，天天也就寻郁达夫吵架。郁达夫忍无可忍，便将"毁家诗记"寄到香港的《大风旬刊》发表。内容包括两年来郁、王婚姻触礁的点点滴滴。用十九首诗和一阕词，事无巨细全部记录了下来，并加以注释，用词尖刻，不留余地。使得王映霞品格扫地，气得七窍生烟。一连写了几封信寄到《大风旬刊》，大骂郁达夫是"欺膝世人的无赖文人"、"包了人皮欺骗女人的走兽"、"疯狂兼变态的小人。"于是互揭疮疤、形同分水、冷战分居，最后王映霞远走廖内小岛，演出第二次逃家的新闻。

一九四〇年八月中旬，王映霞只身返国。经香港飞往战时陪都重庆，郁、王两人在新加坡、香港、重庆分别刊出离婚启事。

王映霞走后，郁达夫冷静下来，对她仍是思念不已，有诗为证：

大堤杨柳记依依，此去离多会自稀；
秋雨茂陵人独宿，凯风棘野雉双飞。
纵无七子为衰社，尚有三春各恋晖；
愁听灯前儿辈语，阿娘真个几时归。

郁达夫希望以母子之情去打动王映霞，妄想她幡然悔悟，重回他的怀抱，真是痴心妄想，太过天真。

后来郁达夫在新加坡与广播电台工作的李筱英同居。李筱英是福州人，在上海长大，暨南大学文科毕业。中英文造诣均佳，具有非凡的语言天才，银铃般的声音令人着谜。那时李筱英是守活寡的怨妇、郁达夫是离了婚的鳏夫，同病相怜，也不怕人言可畏。

稍后，日本发动太平洋战争，战火迫近新加坡。郁达夫辗转逃到印尼，娶了华侨少女何丽有为妻。一九四五年八月十五日日本宣布无条件投降以后，郁达夫无缘无故地被人诱出杀害，尸骨无存，享年五十岁。后来谣传又起，给郁达夫加上了一条为日本宪兵队任翻译的汉奸罪名。至今郁达夫之死，仍然是个迷，好事者猜测，多半是戴笠的军统趁乱世所为。

王映霞回到重庆，就不记得她在浙西的老母了，住到重庆乡下的白沙江滨疗养。三个月后，由戴笠介绍进入外交部担任文书科的科员。按说她已是三十四岁的女人，是"烂渣滓"的尴尬年龄，她却不服老。上班的第一天刻意打扮了一番，穿上一身凹凸有致的花色旗袍，足登三寸高跟皮鞋，加上她那"荸荠白"的皮肤，确实是艳光四射。她款摆腰肢走进办公室时，那些出出入入，口操外语的时髦人物，顿时感到眼前一亮。

王映霞清楚地知道，红颜易老，青春不再，她必须有效地把握这所剩无几的美艳姿貌，而且还要尽量摆脱"郁达夫弃妇"的阴影。于是努力重塑淑女的形象。除了化妆和衣着外，往日故交在重庆的反而很少往来，谨言慎行。不久，经过小心肆应，又重在社交界抛头露面。商会会长王晓籁成了她的干爹。王映霞凭她的家世、学识、美艳、机敏，再加上岁月的磨炼、爱情的波折、饱经世故，已是人情练达，还有人见人怕的戴笠撑腰，真是左右逢源，无往不利。

一九四二年四月四日，王映霞与钟贤道在重庆百龄餐厅举行盛大的结婚典礼。贺客如云，连施蛰存都去拍她的马屁。为她赋诗：

朱唇憔悴玉容曜，说到平生泪迹濡；
早岁延明真快婿，于今方朔是狂夫。

谤书欲玷荆和璧，归妹难为和浦珠；

喋喋御沟歌决绝，山中无意采蘼芜。

一九四六年，戴笠因飞机失事而死。王映霞顿失凭依，辞去外交部的文书工作，激流勇退，过着朴实无华的主妇生活。随丈夫到了芜湖，生了一子一女。

几十年过去，人们仍谈论郁达夫与王映霞的关系。郁达夫曾当面骂王映霞为淫妇。王映霞直到八十岁的高龄，笔下仍称郁达夫是"疯子"。为维持自己的老面子，始终不曾有忏悔的意思。德国有一位汉学名家马汉茂，出版了一本有关郁达夫与王映霞婚变的书，公布了一封王映霞写给情人的书信，迫使王映霞写了一篇《郁达夫与我的婚变经过》的长文，在香港的《广角镜》杂志上发表，无非是替自己遮掩，始终不承认自己当年的丑事。反正郁达夫已经死去多年，只能听任王映霞自圆其说。

张爱玲

简介：

原名张煐

出生于一九二○年八月十九日

出生地点上海

九岁前入读黄氏小学，改名张爱玲

十岁后就读圣玛利亚女校，母亲赴法国

在十六岁那年、从初秋至春节前，被父亲软禁

春节前逃出父亲家，与母亲同住

十八岁考取伦敦大学，但因战争转入香港大学文学专业

一九四一年香港沦陷，停战曾当临时看护

一九四二年回上海，进圣约翰大学，不久退学

廿三岁认识胡兰成

廿六岁诀别胡兰成

卅一岁时曾任美国驻香港新闻处翻译

一九五五年远赴美国

一九五六年夏，和浦德南·赖雅结婚

一九九五年卒于洛杉矶，享年七十五岁

　　二十世纪四十年代的上海，曾经有一位红极一时的女才子。虽然如流星般一闪即逝，但那一瞬间的绚烂，却给现代文坛留下了永久的辉煌。她在当时、现在，甚至将来都不减魅力的代表作《传奇》、《流言》，被人们称作奇迹般的杰作，欣赏者们把它们与《红楼梦》、英国作家毛姆的作品等相提并论；而反对者却因她的一段私情而不以为然，但仍承认她的才情，她的天分；当她独自在美国隐士般谢世后，人们称其为：一个"王朝"的结束……

绚烂童年

　　张爱玲出生于一九二〇年九月三十日，上海，官宦世家。祖父张佩纶为督察院左副都御使，与李鸿章之女李菊耦结为秦晋之好，有一儿一女——父亲张廷重，姑姑张茂渊。张爱玲的母亲也是出身于豪门深闺，接受的是西方教育，思想新潮。而其父亲是典型的

遗少，染有所有旧家庭的恶习，且吸食鸦片。二人终因性格不合而离异，母亲去了法国，张爱玲与弟弟都跟随父亲。后母过门后，姐弟的日子便不好过。张爱玲就读于上海的圣玛丽亚女校，受东西方双重文化的熏陶，小爱玲已颇具才华。七岁便开始写小说，后又写了《理想中的理想村》、《后母的心》、《霸王别姬》、《看云》等文章，部分发表在《国光》上。

由于父亲受后母挑唆，张爱玲与弟弟先后逃家投奔母亲，但母亲的经济条件只能收留一人，弟弟张子静不得不回到张家。由于战事，本打算去英国留学的张爱玲改读香港大学。大学的生活很愉快且其成绩优异，此间张爱玲还结识了印度女孩炎樱，二人成为终身挚友。一九四一年，战火烧及香港，香港大学关闭，张爱玲不得不回到上海。

横空出世

回到上海，张爱玲首先面临的是经济问题。母亲和姑姑已无力相帮，张爱玲便开始专职在家写作。她发表了正式的处女作《我的天才梦》，而后《洋人看京剧及其他》、《中国人的宗教》、《更衣记》。继《沉香屑——第一炉香》和《沉香屑——第二炉香》后，张爱玲几乎月月小说问世，篇篇震动文坛。几乎瞬间登上了文学高峰，红遍上海。而她的辉煌，也就在此后的两年时间便褪去了。

一九四三年，张爱玲结识了胡兰成——她的第一任丈夫。胡当时是伪政府宣传部政务副部长，擅长写亲日文章。长得瘦长白皙，一副温文尔雅的书生气，且为人聪颖善悟，博闻强识，有一定文学功底，但其天生一个唯我主义者，薄情且好色。胡仰慕张爱玲的才华，出于好奇，或是寻求刺激，他走入了张爱玲的世界。两人曾享受了一段甜美的爱情，但终因胡的移情别恋和浮华性情，以悲剧告终。

因胡的政治身份，给张爱玲的面目蒙上了一层迷雾。一九四六年，张爱玲开始写剧本《不了情》、《太太万岁》、《哀乐中年》，后出版《传奇》增订本。一九五〇年，她的首部长篇小说《十八春》问世，后改名为《半生缘》。张爱玲觉得的上海并不适合自己，便坐船来到香港。这一年她三十二岁。

胡兰成，浙江嵊县人，曾就读燕京大学。张爱玲在香港发展得十分不如意，生活的窘迫使她不得不靠翻译来维持生活。"我逼着自己译爱默森，即使是关于牙医的书，我也照样会硬着头皮去做的。"1995年，张爱玲含泪离港赴美。由于她在美国没有固定收入，便转而向基金会求助，麦克道威尔文艺营委员会同意接纳她。在这里，她遇到了比她大三十岁的美国著名戏剧家、她的第二位丈夫——赖雅。

张爱玲找到了自己的精神家园，但物质生活依然艰难。在赖雅的劝说下，她打掉了孩子，两人过着相濡以沫的生活。赖雅长期患有背痛，并时常中风，最终卧床不起。张爱玲不得不暂时放弃写作，照顾丈夫。1967年，赖雅病逝，解脱了张爱玲，也带走了她的所有精神眷恋。

二十世纪七十年代的张爱玲，已经基本上停止了写作。除了读书、看电视、整理旧照片，以及写一些读后感及回忆性的文章外，基本不与社会联系。她的房间似雪洞般空廓而简单，没有家具、没有摆设，而她自己，却仍旧我行我素地生活着。

改革开放以后，张爱玲和姑姑取得了联系。此时姑姑已与李开第结了婚。接下来的几年，张爱玲的健康日益恶化，而且患有皮肤病。她做的最后一件文学创举是，整理了一本带有自传体的《对照记》，里面收藏了她和家人的照片。书中写道："他们只静静地躺在我的血液里，等我死的时候再死一次。"

一九九四年，台湾《中国时报》授予张爱玲特别成就奖。她回寄了一张近照，透露着道不尽的平淡、沧桑和自然。走过了人生的最繁华，经受了人生的最苍凉，她已洞穿人世沧桑，在时空的轮回里升华。

次年中秋前夕，张爱玲仙逝于美国洛杉矶的一栋小型公寓里，桌上还摊开着一部尚未完稿的长篇小说《小团圆》。